八雲塗

〜暮らしを飾る松江の漆器〜

目次

【凡例】

・本図録は、松江歴史館で平成三十一年（二〇一九）四月十九日から令和元年（二〇一九）六月九日まで開催する、松江市制１３０周年 企画展「八雲塗―暮らしを飾る松江の漆器―」の図録である。

・本展は、松江歴史館が主催し、島根県、島根県教育委員会、山陰中央新報社、朝日新聞松江総局、産経新聞松江支局、日本経済新聞社松江支局、毎日新聞松江支局、読売新聞社松江支局、中国新聞社、島根日日新聞社、新日本海新聞社、共同通信社松江支局、時事通信社松江支局、ＮＨＫ松江放送局、ＴＳＫ山陰中央テレビ、ＢＳＳ山陰放送、日本海テレビ、山陰ケーブルビジョン、エフエム山陰の後援を得た。

・作品番号は展示会場の展示番号と一致するが、展示の順序とは必ずしも一致しない。

・作品解説は、作品番号、作品名称、所蔵者、制作年、制作者名の順に記した。

・寸法の単位はすべてセンチメートルで表した。

・作品図版は、島根県立美術館（「3 山水図角切膳」「75 薔薇文小箱」、「77 蝶文丸盆」）より提供を受け、その他は井上松影堂の撮影による。

・本展の企画および図録執筆は、藤間寛（松江歴史館学芸専門監）の監修のもと、大多和弥生（松江歴史館学芸員）が行った。

・編集は松江歴史館が行った。

ごあいさつ

　松江市が誇る工芸の一つである八雲塗は、明治20年頃に松江藩の駕籠塗師であった坂田平一が製作した漆器と伝えられ、大正・昭和での変遷を経て現在の姿へと続いています。八雲塗を代表する表現として、漆絵を表面に描いた後、透き通った飴色の漆を塗り重ね、絵を研ぎ出し、磨き上げる方法が挙げられます。その作風は色鮮やかな漆絵を特徴とし、他地方には見られない漆器です。

　草創期は唐物漆器を意識した文様を描き、大正・昭和時代には八雲塗の様式もより写実的に、より多様に変化していきます。

　八雲塗は今から１３０年前の松江市制開始とほぼ同時期に誕生しました。明治・大正・昭和・平成、そして次年号へと時代の変化を見つめてきた八雲塗。草創期の坂田平一作の漆器から昭和までの作品を通して、その移り変わりをたどり、八雲塗の魅力を改めて見つめます。

　本展覧会のために、貴重な作品をご出品賜りました皆様をはじめ、ご後援、ご協力いただきました関係者各位に心から深く御礼申し上げます。

平成31年４月

松江歴史館館長
藤岡　大拙

I 八雲塗のはじまり

明治維新により全国の漆器生産が
衰退の危機的状況にある中、
松江では唐物漆器を参考にした
漆器の製作が明治10年頃から始まり、
明治20年ごろに「八雲塗」と名付けられた。
これらの漆器は、色漆で彩色し
上から透漆を塗布する点に特徴がある。
この手法を基に、その後の技術や材料の発展に伴い
生産量も増加し、その作風も時代により大きく変化して
出雲地方の代表的な工芸品となる。

1 花鳥図脚付盆 松江歴史館蔵

明治時代

黒漆塗りの脚付盆。盆の中央に岩から生える椿を描き、椿を挟んで2羽の鳥が羽を広げ向かい合う図を色漆と錫粉で描く。朱、緑、黄色の色漆で彩り、図の枠線や中央の窓枠には錫粉を用いる。

岩の形や枠外の草花文の描き方など唐物漆器を意識した図柄であるが、八雲塗の技法で作り、創始者坂田平一の銘がないことから、当時の県令、籠手田《こてだ》安定により「八雲塗」と名付けられる前の作品であると考えられる。

2 鶴丸馬文丸盆 手錢記念館蔵

明治時代　伝 坂田平一作

中央に羽を持つ馬・鶴丸紋・雲・花などを上下対称に描いた丸盆。全面に文様を敷き詰め、絵の輪郭線を銀で描き、明るい黄・朱・緑の３色で絵を描く。裏面は黒漆塗、柾《まさ》目《め》の木目が塗りの下に見える。漆を摺り込んで研ぎ出さずに仕上げている。

本作品に描かれる羽を持つ馬の元図として、『なるみかた』(明治16年刊)に「法隆寺什水瓶模様」が挙げられる。

3 山水図角切膳 島根県立美術館蔵

明治時代　伝 坂田平一作

山水図を朱の濃淡、黄色で描き、絵の輪郭線を錫粉であらわした角切膳。

人物の奥に広がる水面には錫砂子を蒔く。山水図の外に描く四角枠は細い金線で描き、外には花唐草文を描く。線→色漆→透漆の順番で加飾する。立ち上がりの縁には雲文を錫の線で描く。

4 桐鳳凰文座卓

明治時代

２羽の鳳凰を対面に配置し、周囲を枠取り、枠外には雲文を描いた座卓である。
脚部分にも漆絵で雲文を描き、天板のように漆の研ぎ出しは行わずに仕上げている。図柄や天板裏の作りなどから、八雲塗草創期である明治20年頃の製作と推測する。

5 山水人物図絵替銘々皿

明治時代

箔を貼った上に透漆を塗り、金色に見せる表現は、「平一」銘を入れた草創期八雲塗とほぼ同様の表現である。色漆で輪郭線の中を彩色するだけでなく、木々の線を色漆で描くところが特徴である。

II

創始者坂田平一の仕事

草創期八雲塗の中に
「平一」銘を朱漆であらわしている
作品が存在する。
これらは八雲塗の創始者である
坂田平一の銘とされており、
桐鳳凰文や雲龍文を全面に描く作品もあれば、
草花文をシンプルに描く作品も存在する。
桐鳳凰文や雲龍文は
定型的な描き方であるのに対し、
草花文は種類にバリエーションが見られる。

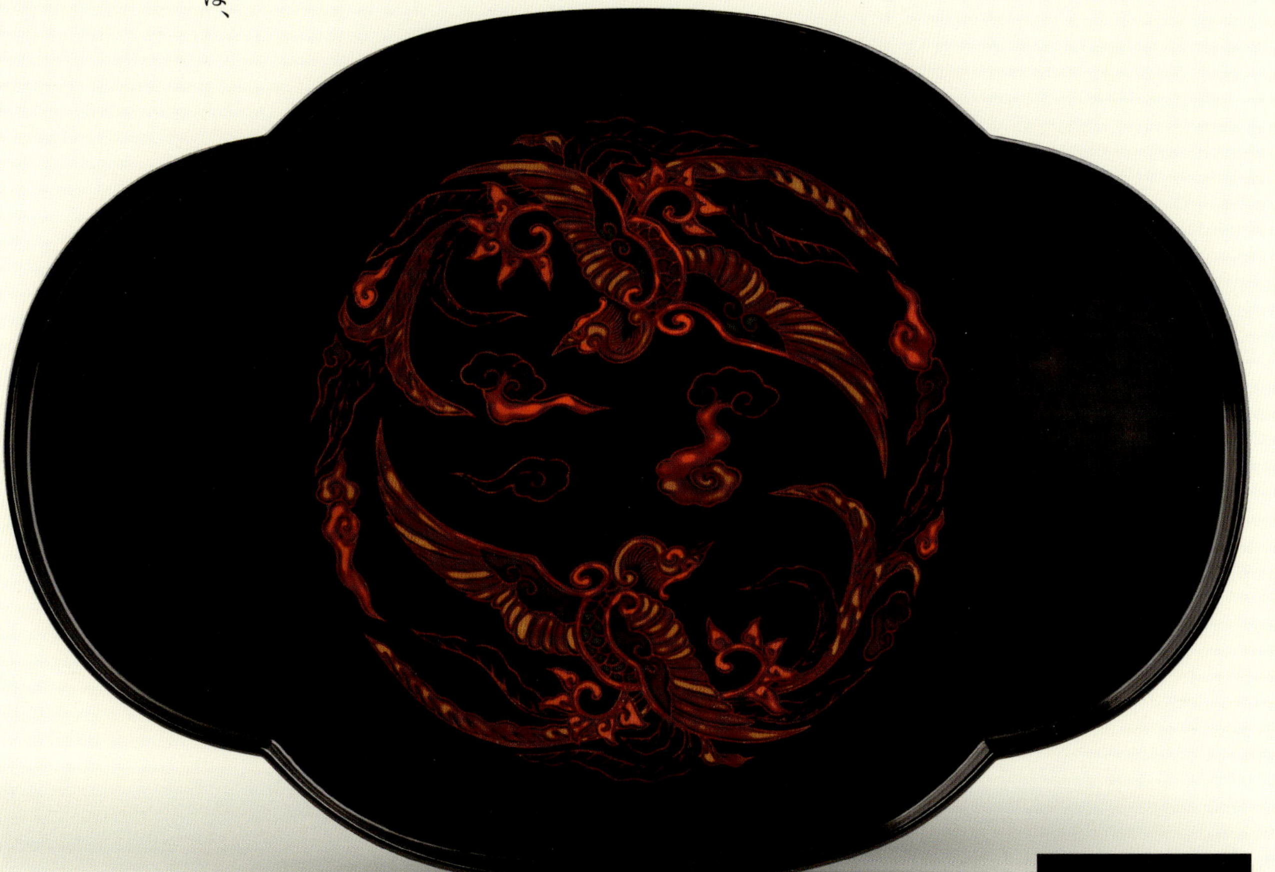

6 鳳凰文瓜形茶盆

明治時代　坂田平一作

瓜形の総体黒漆塗の茶盆。中央に向かい合う鳳凰を描く。立ち上がりの外側には雲文を等間隔に描く。裏に「八雲塗」「平一」の銘が縦に並ぶ。「平一」のみの銘が多い中、「八雲塗」も併記されているのは稀である。

7 桐鳳凰文会席膳

明治時代　坂田平一作

桐鳳凰文を中央に描き、周囲に錫粉で描いた枠を設け、枠外の四隅に花唐草文を描く。文様の輪郭線は錫粉であらわしている。枠外の文様のみ異なる類似作も存在する。裏に「平一」銘がある。

8 桐鳳凰文会席膳

明治時代　坂田平一作

桐と鳳凰の文様は作品7と同じである。線枠の外にめぐらした黄、赤、3色の雲文が間隔を置かずにめぐらされている。

10 鳳凰文丸盆

明治時代　坂田平一作

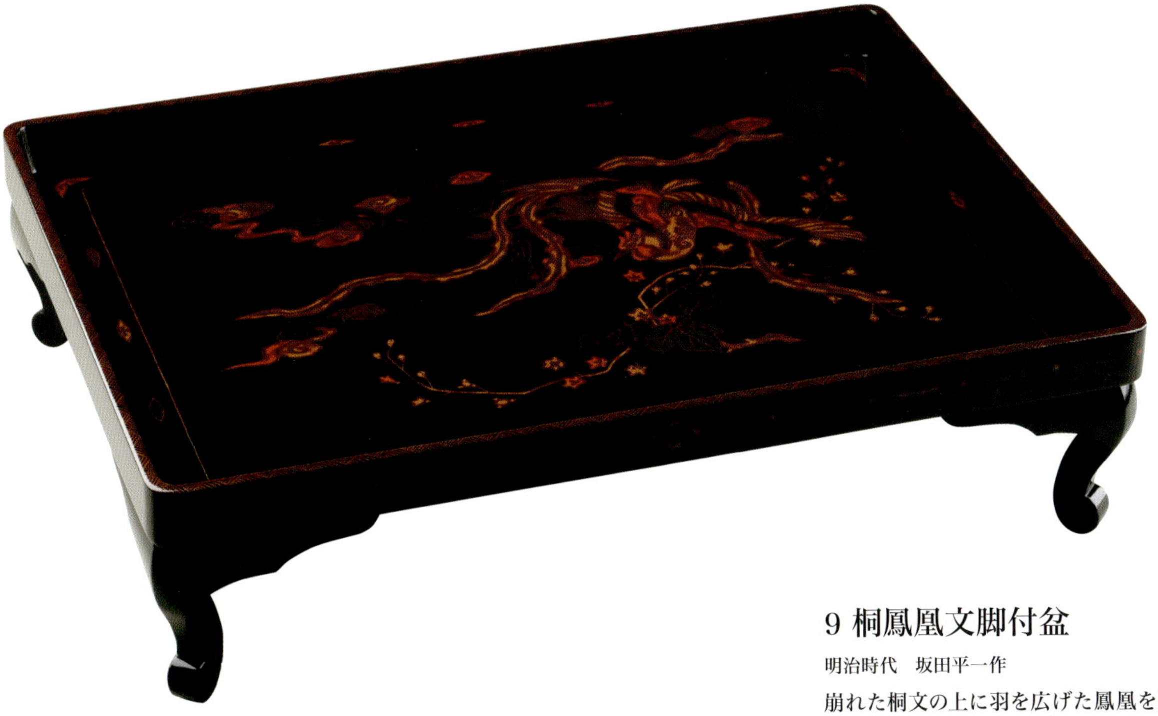

9 桐鳳凰文脚付盆

明治時代　坂田平一作

崩れた桐文の上に羽を広げた鳳凰を描いた脚付盆。鳳凰の周りに雲も描き、線枠の外に等間隔で雲文を配置する。

11 雲龍文会席膳

明治時代　伝 坂田平一作

弧を描く龍と雲を描いた図を中央に、周囲に雷文よりも簡潔にした連続文をめぐらす。斜めの立ち上がり部分には、蕊《しべ》部分を格子柄であらわし、唐草部分を4枚の葉であらわした花唐草文を描く。草創期に製作された八雲塗の中では、木地が薄作りである。

12 花籠文角盆

明治時代　坂田平一作

籐籠の中に、木蓮・牡丹・梅を描き、縁に朱漆を塗った角盆。上塗りの漆を花籠の編目に沿って研ぎ出す。研ぎ出す部分に差異をつけることで絵の立体感が増している。

草創期に製作していた唐物漆器を意識した作風とは異なり、その後の写実的で色鮮やかな漆絵で描かれる次世代の八雲塗につながる表現である。

13 柘榴文角盆

明治時代　坂田平一作

14 朝顔文菓子器

明治時代　坂田平一作

「12 花籠文角盆」を小さくした形の菓子器で朝顔を中央に描く。底裏に「平一」印があり、「八雲塗」「松遊齋」の印がある袋を添える。

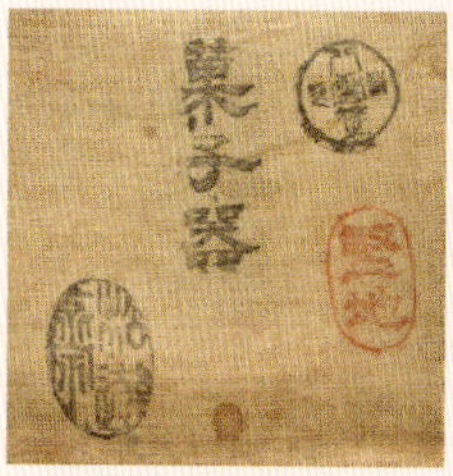

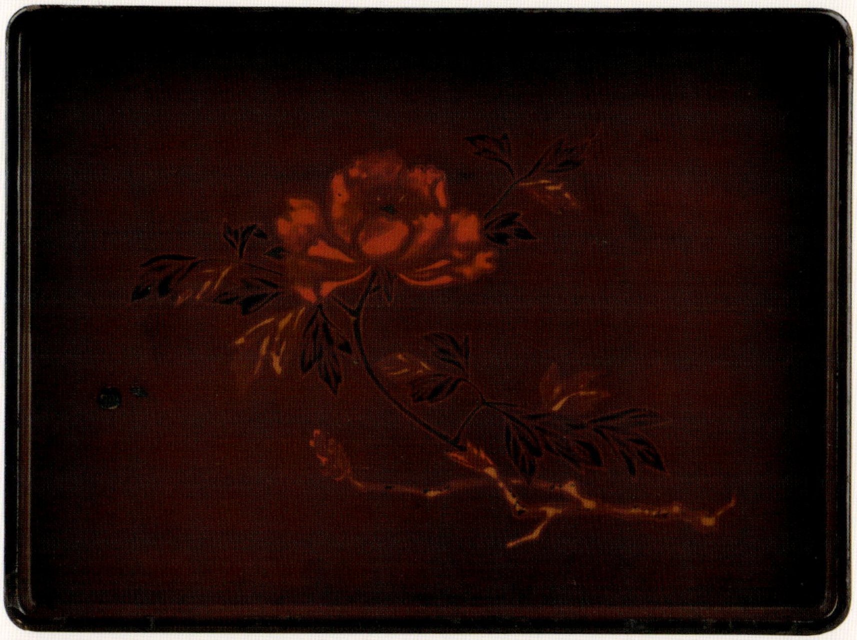

15 牡丹文角盆

明治時代　坂田平一作

中央に大きく牡丹の折枝や白梅の樹を描いた角盆。他の坂田の作品に比べて絵を研ぎ出していない。裏に「平一」銘がある。梅文角盆に牡丹文角盆が収まるように一回り小さい寸法である。文様の描き方からもともとは揃いの作品であると考えられる。

16 梅文角盆

明治時代　坂田平一作

17 草花図膳 松江歴史館蔵（梅文膳以外）

明治時代　坂田平一作

四隅のみ立ち上がりが高い小膳。梅、芙蓉、筍、菖蒲を各々の膳に描く。これらの図は、漆を盛り上げて凹凸をつけ、特に筍図は皮の盛り上げ方、根の粒を細かく漆で表している。白・緑・朱の色漆で描いた後に、透漆を表面に厚く残していることで陰影が見え、立体感を増しているのも本作品の特徴である。

III

変わりゆく時代

明治時代後期にレーキ顔料が開発されたことにともない、八雲塗もレーキ顔料を積極的に用いた。その結果、草創期ごろには見られない鮮やかな色を生かした草花図などが明治後期から大正・昭和にかけて多く描かれた。
草花図に限らず、人物や風景図も描くようになる。

26 花鳥図重箱 松江歴史館蔵

大正時代　山本喜三郎商店

重箱の図柄は秋草と鳥を二面つなぎで描き、背が高い芙蓉とススキの下には可憐な雛菊を描き、螺鈿で桔梗をあらわす。写実的な描写が目立ち、色漆の明るさを生かして仕上げる。

18 桐鳳凰図衝立

明治時代

本展では最大の八雲塗。桐と鳳凰、もう片面には芥子《けし》の花を描く。桐の花と洞《うろ》部分を螺鈿《らでん》であらわす。芥子の花は漆で盛り上げており立体感がある。

明るい色の漆で描くが、上に塗られた漆によってより雰囲気が落ちついている。花の先を繊細に研ぎ出していることで奥行きをさらに表現している。

20 桃文猫脚膳

明治時代

19 薔薇文脚付盆

明治時代

天板の中央に薔薇を描き、脚を根来塗風に仕上げた脚付盆。

21 雲竜文脚付盆

明治時代　新宮《しんぐう》商店

23 雲龍文会席膳

明治時代　新宮商店

下絵

22 雲龍文会席膳

明治時代　新宮商店

雲龍文を描いた八雲塗と新宮商店のスタンプ。

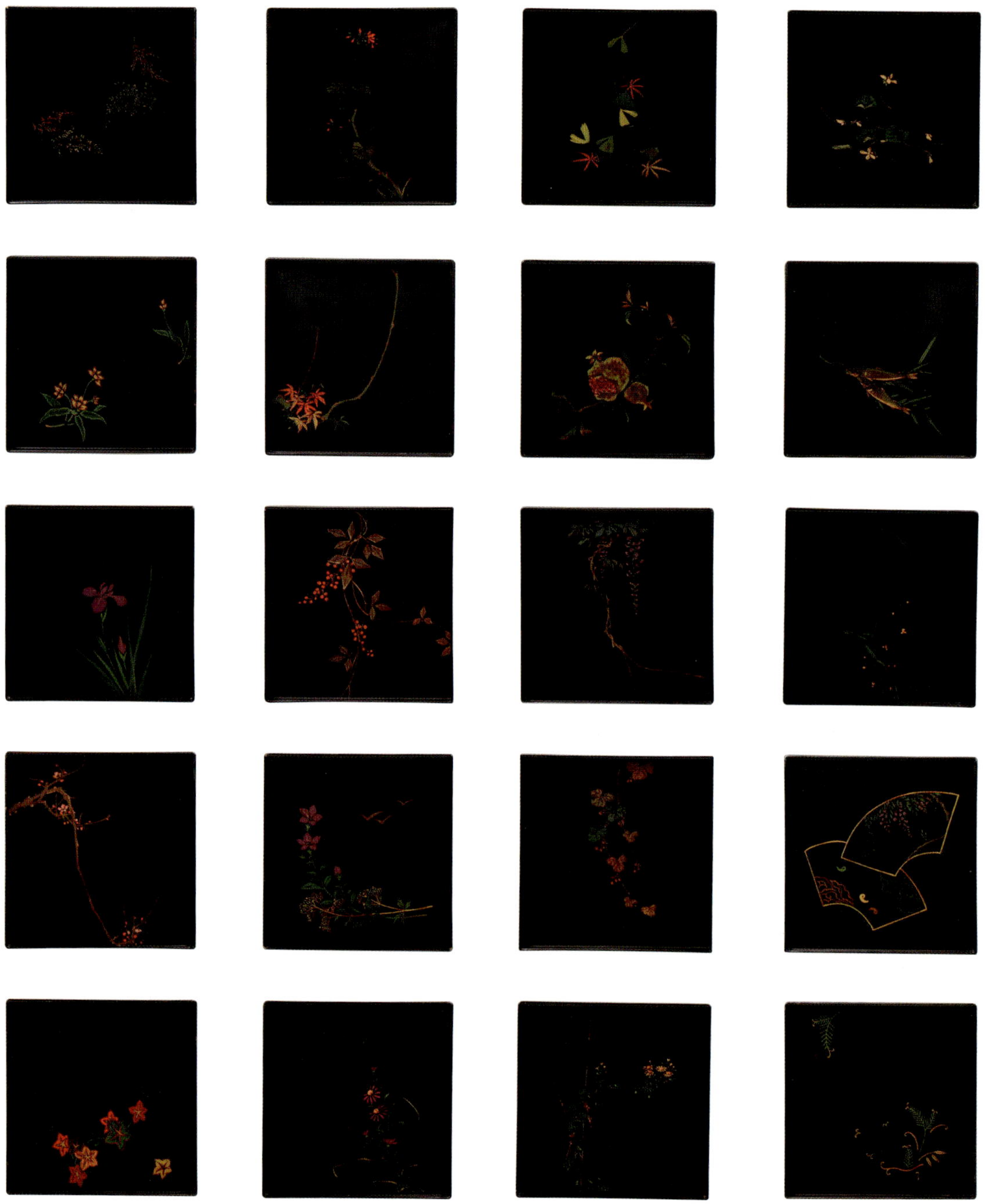

25 草花文絵替膳

明治36～39年　繁澤《しげさわ》商店

本作は20種の草花文を中心に鮎や扇形枠の内に雲文と勾玉を鮮やかな色漆で描いた膳。いずれも松江市京店に店舗を構えた繁澤商店の商品で、箱には「第五回内國勧業博覧会賞牌受領」とある。受賞名鑑によると明治36年(1903)に開催された第五回内國勧業博覧会に会席膳を出品し、3等賞を受賞している。

27 花鳥図絵替会席膳 松江歴史館蔵

大正4年

10種の花鳥図を描いた絵替わりの会席膳。上にかかる透漆はほぼ研ぎ出し、色漆を表面に出すように仕上げる。付属の箱には「大正四年十一月十日 御即位御大典位記念」と記す。

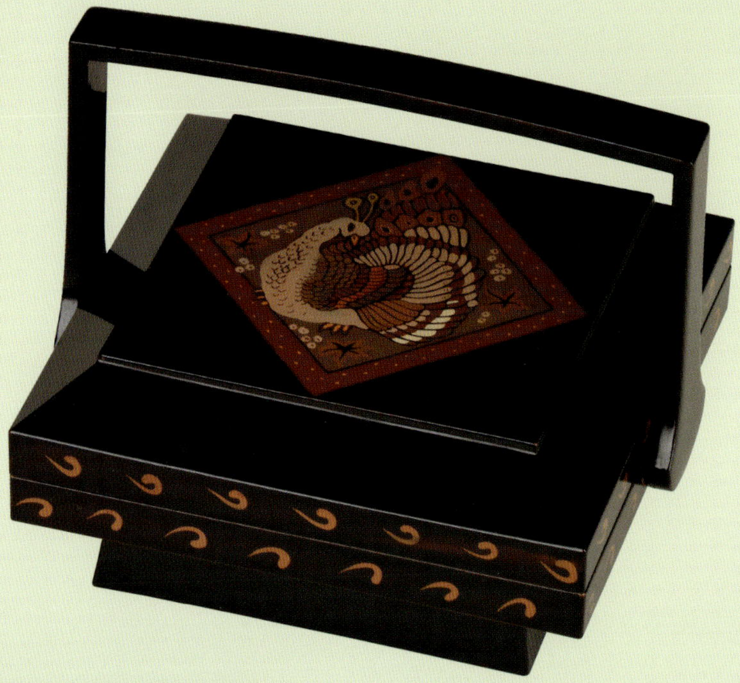

28 孔雀文手付菓子器 松江歴史館蔵

大正時代

手付の菓子器。蓋の天板には、菱形枠の中に孔雀を描く。孔雀の目やくちばしの周りなど文様の枠線には粒子の細かい錫粉を施す。羽根は4色の漆で鮮やかに仕上げる。

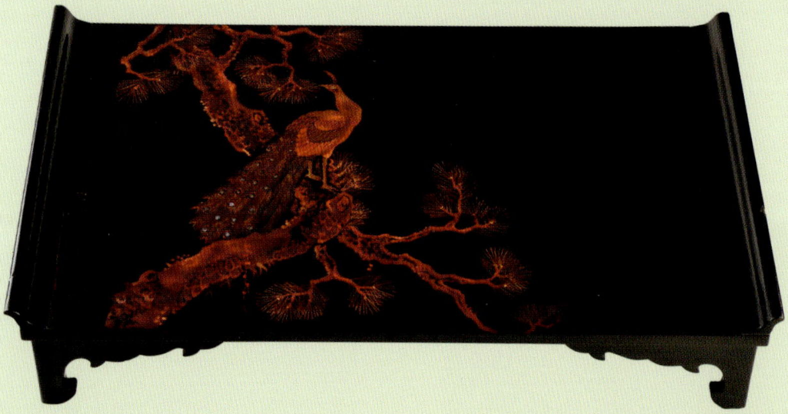

29 孔雀に松図文台

大正時代

30 花丸紋重箱 松江歴史館蔵

大正時代

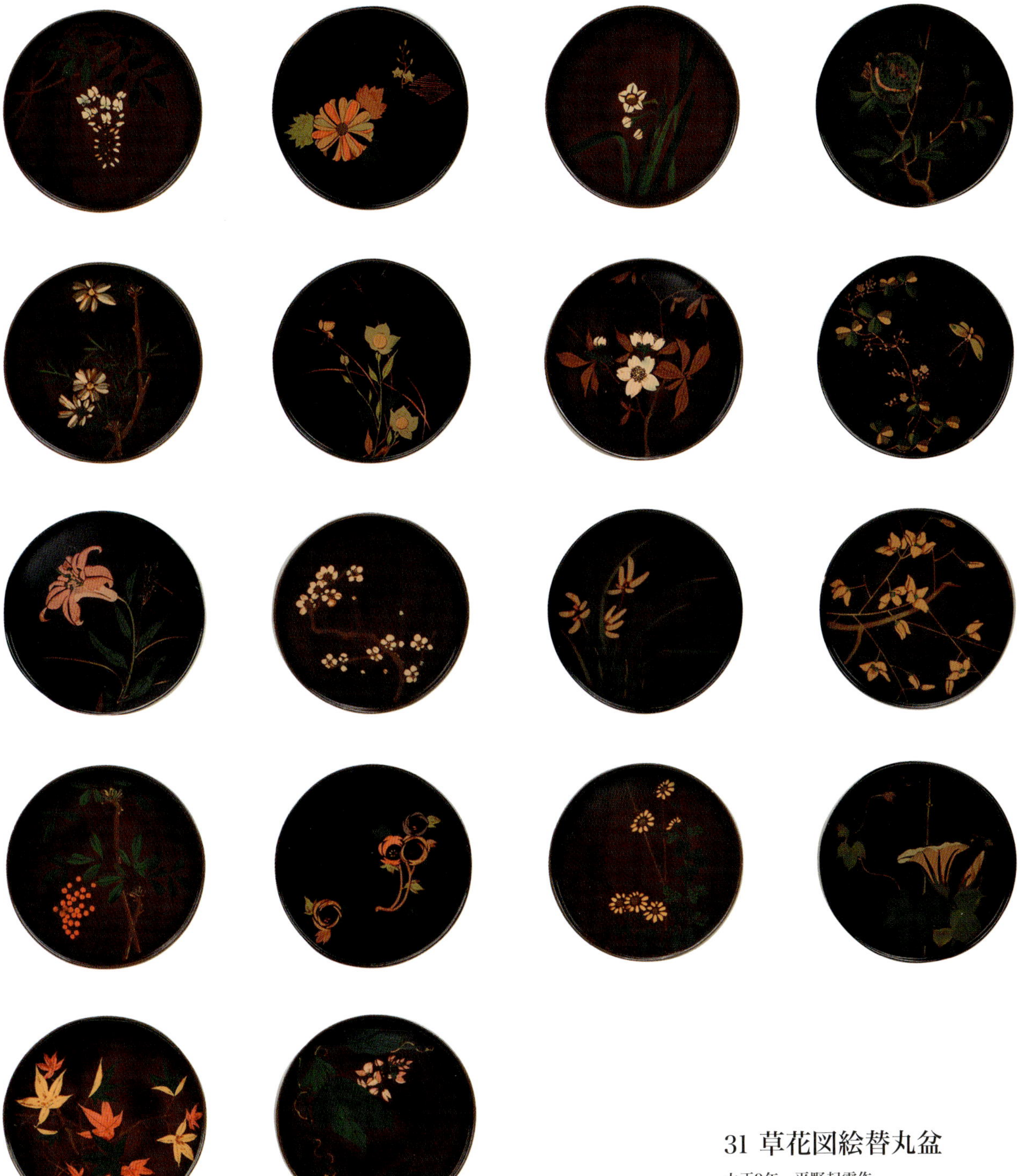

31 草花図絵替丸盆

大正9年　平野起雲作

平野起雲(本名:亀吉、明治27年(1894)～昭和30年(1955))は現在の出雲市平田町で大正から昭和にかけて八雲塗の製作を行った職人である。大正元年に「漆狂堂」と名乗り、漆稼業を始める。出雲での八雲塗製作で主だった商店として丹後屋漆器店が挙げられるが平田町にも八雲塗製作を行なっていた商店があったことが分かる貴重な資料である。

32 古鏡文長盆

昭和時代　平野起雲作

33 梅に鶯図箸箱

昭和時代　平野起雲作

34 梅松文箸

昭和時代　平野起雲作

35 牛童子図硯箱 松江歴史館蔵

大正時代　伝 植田清太郎作

面取りした硯箱である。白漆の上に透漆を塗布し、全体が赤茶色となっている。中央に牛童子を描き、図柄部分を高く盛り上げる。本作の牛童子図は、十牛図の騎牛帰家《きぎゅうきか》に由来する。植田清太郎は、明治30年頃に松江に移り住んだ絵師で、写実的な図柄を取り入れ、後世に影響を与えた。

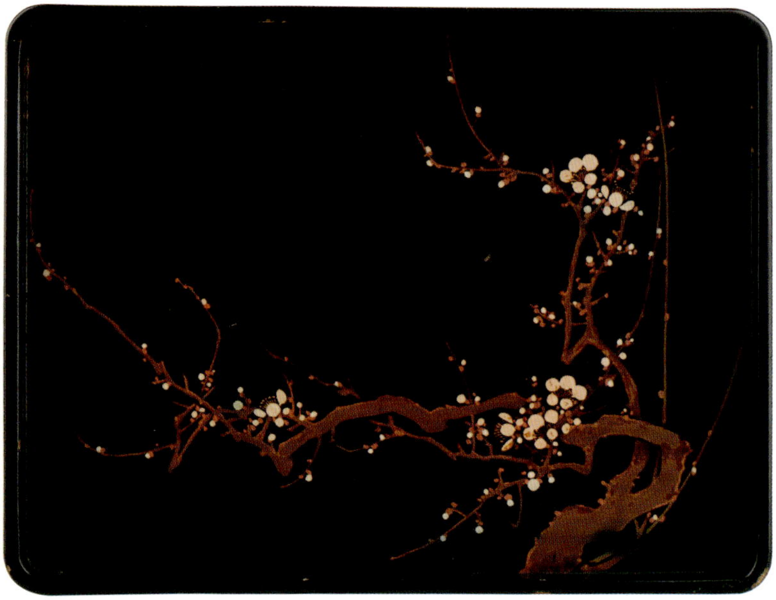

24 梅文角盆

明治30年頃　伝 植田清太郎作

36 寒山拾得図菓子器 松江歴史館蔵

大正時代　伝 植田清太郎作

明朗さを追求した八雲塗は、黒一色であった下塗りを全体を明るく見せるために白漆や黄漆を塗布し始める。本作品はその流れの中で製作した作品である。器面には白漆の下地に透漆を刷き、全体を茶褐色とする。形は面取りで、隅切の台を伴う菓子器である。

37 唐草文菓子器 松江歴史館蔵

大正時代　伝 植田清太郎作

文様を描いた後、軽く研ぎ出してから、透明茶褐色の透漆を上から塗布し、多くの色を使った唐草文であるにも関わらず落ち着いた色調である。台と箱全体には唐草文と鳳凰文を黄・白・緑・朱漆で描く。わずかに文様部分の線を盛り上げる。

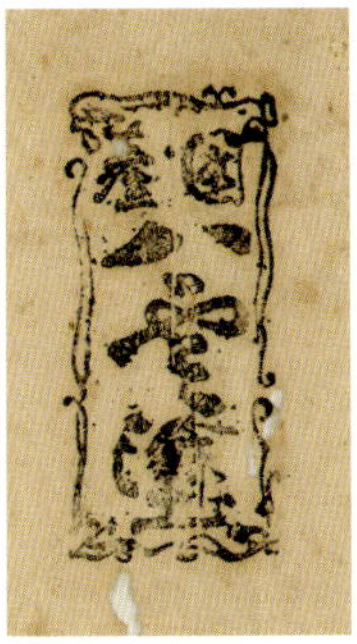

38 菊畫脚付膳 松江歴史館蔵

大正3年～大正10年　八雲漆器株式会社

八雲漆器株式会社は、当時の松江商工会議所会頭・織原万次郎らが発起して大正3年(1914)2月に創立した会社である。また、八雲漆器研究所も同社の付属伝習所として創立し、島根県と松江市そして商工会議所の支援を受けて技術者の養成を行った。しかし、7年後の大正10年(1921)、事業不振などで双方ともに閉鎖した。

39 菊文小箱 松江歴史館蔵

大正3年～大正10年　八雲漆器株式会社

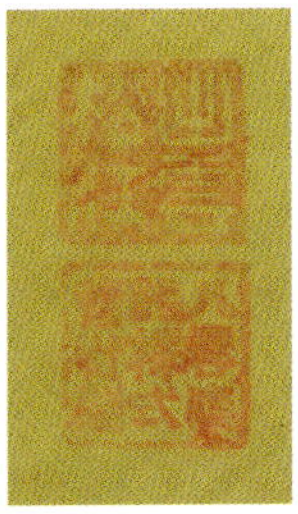

40 梅竹文高脚膳

大正15年頃

梅樹と笹を描いた高脚膳。箱書に「大正15年」とある。梅花を白漆、薄紅色の色漆、透漆と重ねて油絵のような表現が特徴の本作は、八雲塗の新しい表現である。

41 桐鳳凰文丸盆 手銭記念館蔵

昭和時代

42 竹林賢人図丸盆

昭和時代　丹後屋漆器店

43 草花文丸盆

昭和時代　山本喜三郎商店

44 菊文大丸盆

昭和時代

45 獅子牡丹文菓子器

昭和時代

獣の王である獅子と花の王である牡丹を共に描いた菓子器。獅子は蓋表に、牡丹は蓋と身の境目に描く。脚を3つ持った菓子器は、八雲塗の中では珍しい作品。

46 雲龍文菓子器

昭和時代

蓋表に龍を描いた八角形の菓子器。面取りしている蓋の縁や身の周りに雲を描く。草創期だけでなく、雲龍文は昭和時代においても描いていたことが分かる作品。

47 不老長春文重箱

昭和時代　山本喜三郎商店

全面に松に薔薇を配した画題は、「不老長春」と呼ばれ、吉祥文としてもちいられていた。下段の箱に脚がついている。

48 牡丹唐草文菓子器

昭和時代　山本喜三郎商店

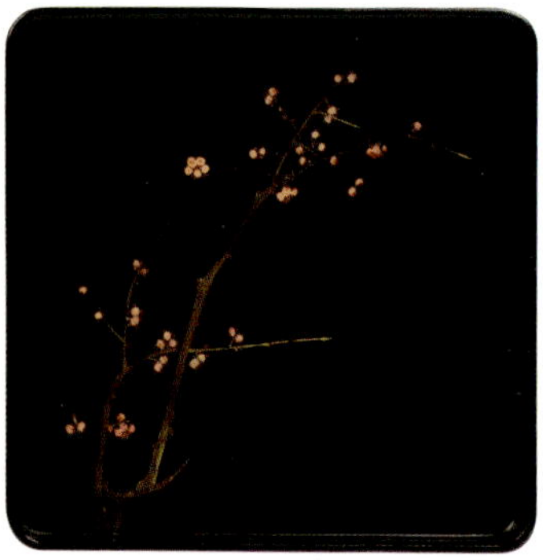

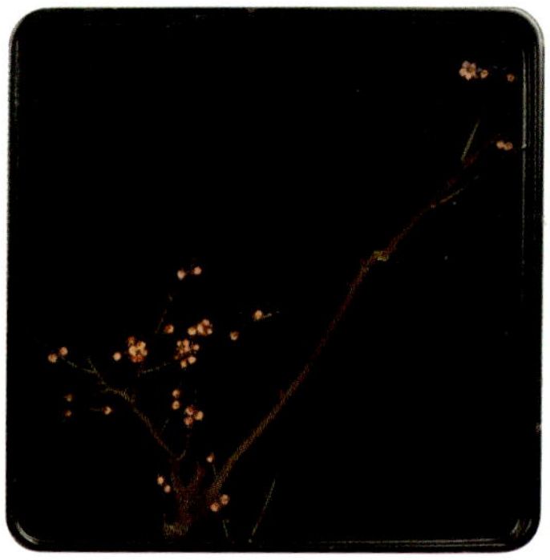

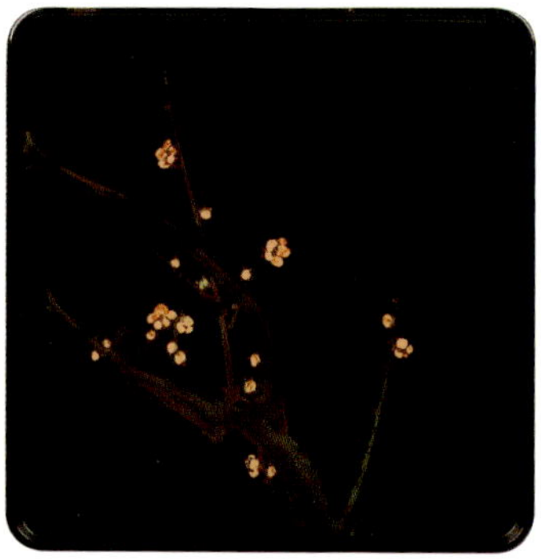

49 梅絵吸物膳

昭和時代　古角商店

絵替りで紅梅の樹を描いた膳。包み紙には「松江市灘町 古角商店」と印があるものの、同店は資料に記載が見当たらない。組合などに加盟せず八雲塗を販売している商店があったことを示す資料である。

Ⅳ 移りゆく美

大正から昭和にかけて八雲塗の
製作は最盛期を迎え、昭和３年には、
八雲塗の製造所が97か所、
職工１４２人となり、松江、出雲全域で
八雲塗の製作が行われるようになる。
八雲塗の技法を用いて
独自の表現を追求した石村春荘ら作家も
台頭してくる。以前は見られなかった
白地の漆器など八雲塗と呼ばれる中でも
様々な雰囲気の商品が登場する。

50 蝶文会席膳

昭和時代　兼本商店

中央に緑や茶色で描かれた大小５匹の蝶を色漆と螺鈿であらわした会席膳。付属の箱および袋には「松江殿町 兼本」の印があり、兼本商店の製作であることが分かる。同店は、明治４５年にはすでに松江の京店で店舗を構えている。

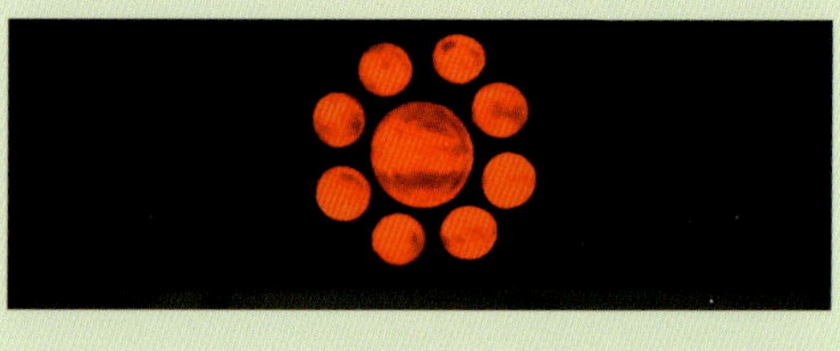

51 若松に月図脚付膳 松江歴史館蔵

昭和時代　兼本商店

松江の雑賀町出身である内閣総理大臣若槻禮次郎が所用し、同家に伝来した漆器。若槻家の家紋である九曜文を側面に施している。

52 花鳥文絵替菓子皿

昭和時代　山本喜三郎商店

53 雲文筆箱 手錢記念館蔵

昭和時代　倉石勘三郎商店

倉石勘三郎商店の包み紙と箱が残されている筆箱。同店は、明治28年に倉石豊三郎が創業した漆器店。昭和11年に天神町で店舗を構えていた。付属の紙には、電気スタンドや帯留なども製作されていたことが記されており、当時の八雲塗業界の賑わいを感じさせる。

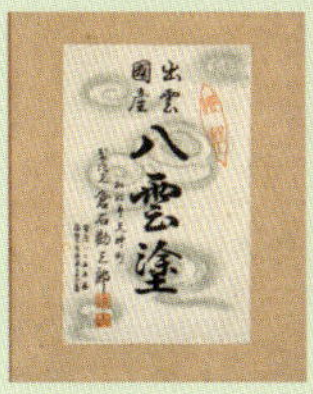

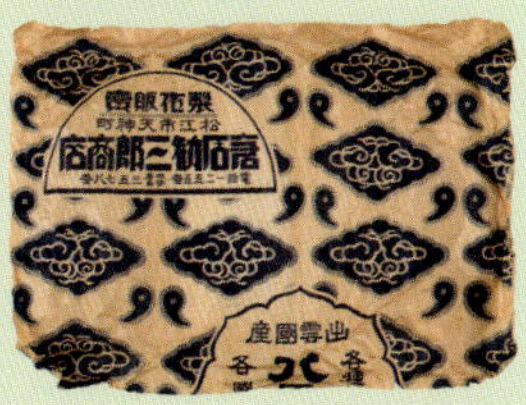

54 出雲大社図角盆 手錢記念館蔵

昭和時代　漢宝堂 杉原熊市

出雲大社の風景を俯瞰した図を描いた角盆。「漢方堂 杉原熊市」の箱に収める。杉原熊市は東茶町で製作を行い、平田起雲に八雲塗の技法を伝えた。

55 花唐草文丸重

昭和16年　山本喜三郎商店

昭和16年から太平洋戦争が始まり、八雲塗業界も存続の危機に陥る。漆は、水を通さないなどの理由で軍事用に使われ、次第に八雲塗製造ができなくなった状況下で作られた作品である。

56 鳳梨文菓子器 山本漆器店

昭和10年　山本喜三郎商店

パイナップル文を大きく描いた菓子器。戦後、海外の物資が多く日本に持ち込まれた際に製作されたと伝わる。

57 牡丹文煙草入 松江歴史館蔵

昭和時代　山本喜三郎商店

黒漆地に白色と赤色の鮮やかな牡丹を大きく描き、螺鈿であらわした蝶を配する。盆が付属しており、箱と同様に白と赤の牡丹を描く。

58 南天文名刺入 松江歴史館蔵

昭和時代

59 南天文重箱

昭和時代　兼本商店

60 高野槙文花月台 手錢記念館蔵

昭和時代

総体朱漆地に高野槙文を描いた隅切の天板を持つ花月台は盃を置く台である。

高野槙の先端を螺鈿もしくは白漆であらわす。白漆、濃緑漆、黄緑色の漆で高野槙文を描き、その上から透漆を塗布し、色漆まで研ぎ出しきらずに磨いて仕上げている。

61 牡丹文菓子器 手錢記念館蔵

昭和時代

総体朱漆地に線描で牡丹文を描き表した隅切の盆付き菓子器。

牡丹の花を白漆、葉を緑漆で描き、上から透漆を塗り、研ぎ切らずに磨いて仕上げている。牡丹の蕊を円形の螺鈿であらわす。

菓子器の内側と盆の底裏は黒漆塗。

研ぎ出し方や朱漆の色や全体の雰囲気から、高野槙文花月台と同工房（店）で製作されたものと思われる。

62 菊文火鉢 松江歴史館蔵

昭和時代

八雲塗は膳や重箱だけでなく、身の回りの道具を幅広く製作していた。中に金属製の器を入れ込み使用する。

63 牡丹文文庫

昭和時代　山本喜三郎商店

64 山水図文書箱

昭和時代　山根漆器店

京店大橋北詰の山根漆器店で製作された文書箱。蓋表に山水図を表す。漆で描いた後に漆塗膜を粉にした乾漆粉を蒔いて仕上げる。山や岸辺にグラデーションを施し、全体に朱色をごく少量蒔き、絵を平面に仕上げないところが他の八雲塗に見られない特徴である。乾漆粉での表現は、石村春荘がすでに大正14年に行っているが、その後新しい表現として受け入れられたことが分かる。

65 鮎文会席膳

昭和時代

66 草花文絵替皿 松江歴史館蔵

昭和時代

67 草花文絵替皿 松江歴史館蔵

昭和時代

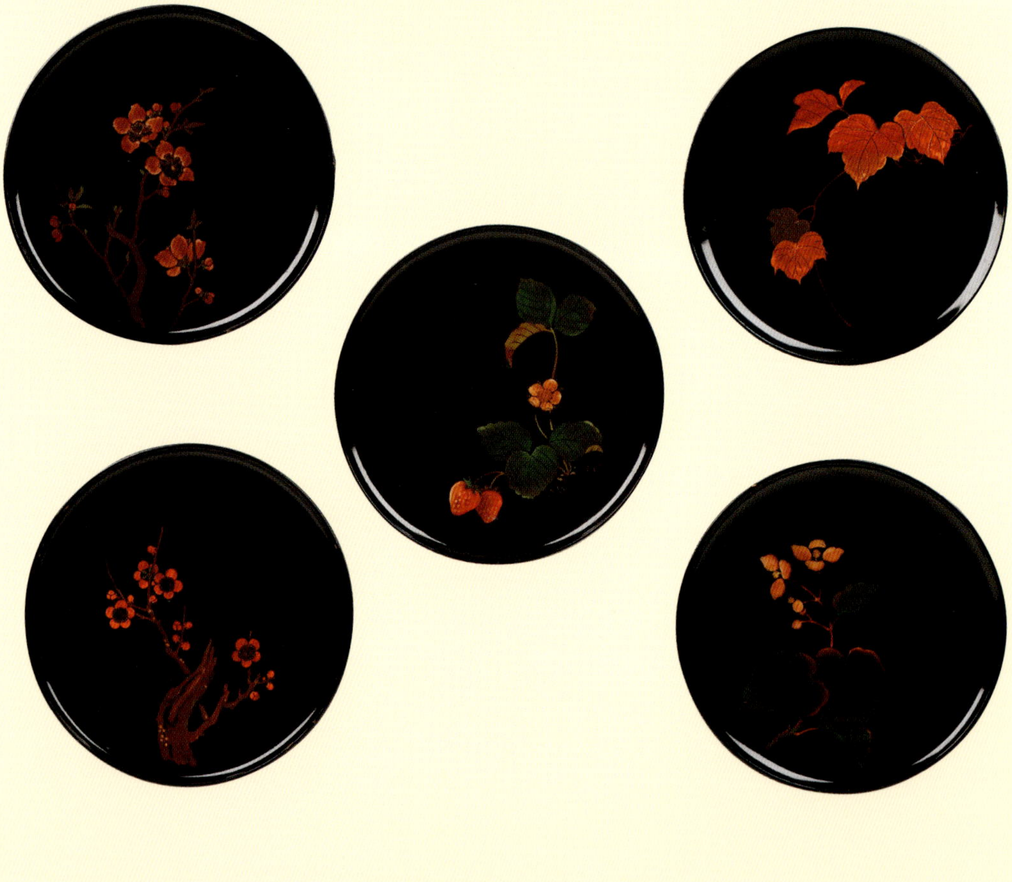

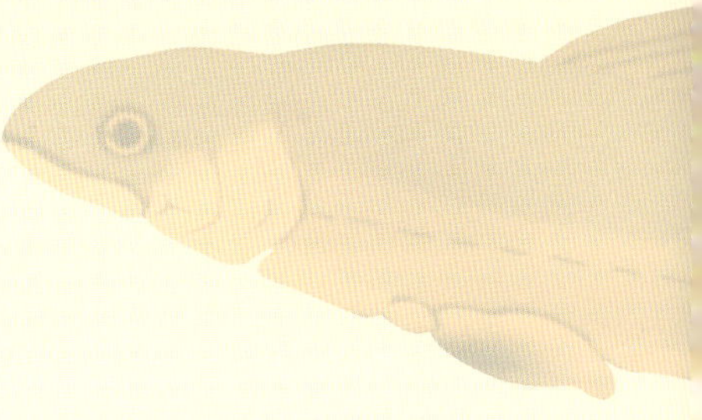

68 魚文丸盆 山本漆器店蔵

昭和時代　山本喜三郎商店

漆で魚文様の部分を高く盛り上げてその上から彩色を施した大丸盆。太刀魚など種類が異なる魚を表情豊かにあらわす。

荒々しく盛り上げており、物を載せるためでなく、飾り盆と思われる。

69 鮋《かさご》文丸盆 山本漆器店蔵

昭和時代　山本喜三郎商店

70 草花文丸盆 山本漆器店蔵
昭和時代　山本喜三郎商店
71 海老文丸盆 山本漆器店蔵
昭和時代　山本喜三郎商店

74 芍薬花図長手盆

昭和16年　石村春荘作

石村春荘(本名:理蔵、明治22年(1900)～平成4年(1998))の業績は、八雲塗の技法を応用して、独自の意匠を描き、製作のみならず八雲塗の歴史を丹念に記述した『八雲塗と其の変遷』を著した点にある。春荘は、大正6年に八雲漆器研究所を卒業後、八雲漆器株式会社に入社し、同社が解散する大正10年まで従事する。その後八雲塗の製作において研究を進めた。

本作は、荒い乾漆粉を蒔いて芍薬の花の濃淡を表わす。色漆を用いた彩色が主たる技法であった八雲塗にはない装飾技法が見られる。八雲塗の過去と未来を見つめた人物であった。春荘41歳の作品。

72 踊る人物絵額盆

大正14年　石村春荘作

異国の衣装を着た人物を中央に描き、縁に放射線を描いた角盆。衣装の文様を多色な細かい点描などであらわす。春荘25歳の作品である。本作と同じ文様の作品を他にも製作している。

73 八手文小重箱

昭和3年　石村春荘作

75 薔薇文小箱 島根県立美術館蔵

昭和29年　石村春荘作

76 草花絵絵替丸盆

昭和時代　石村春荘作

77 蝶文丸盆 島根県立美術館蔵

昭和時代後期　石村春荘作

外側を黒塗、内側を溜塗、大柄の蝶を対に配置した丸盆。
春荘は画家を志望したこともあるためか、20代は、細密な文様などを意図的に描いた。後期にさしかかると、八雲塗にはなじみがない乾漆粉を蒔いて文様をみせる技法や螺鈿を活用した表現を用いた。
ある時期から、八雲塗製作をやめ、日々の風景や花々をスケッチした。わらべ歌などを集めた本を作成し、出雲地方の民俗や文化を後世に伝える活動を行った。

八雲塗の下図帖と下絵

八雲塗下図帖 松江歴史館蔵
伝 室田湖山筆　明治時代
八雲塗に描く草花図などの下図38枚を綴じる。

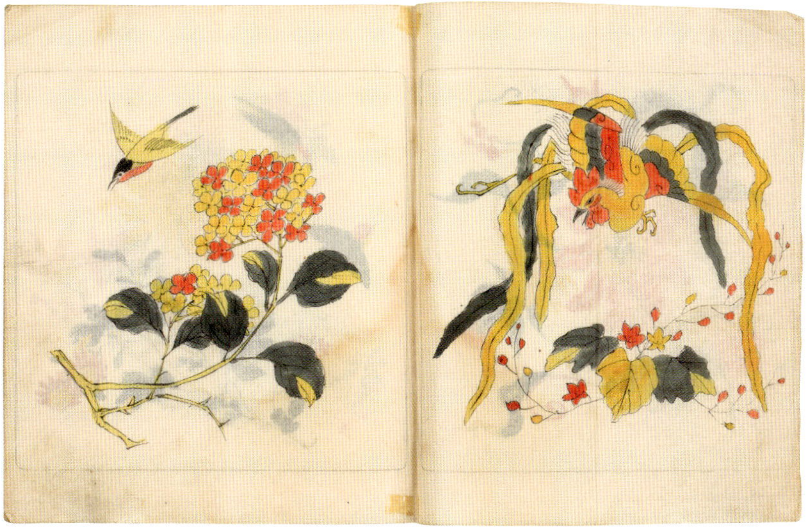

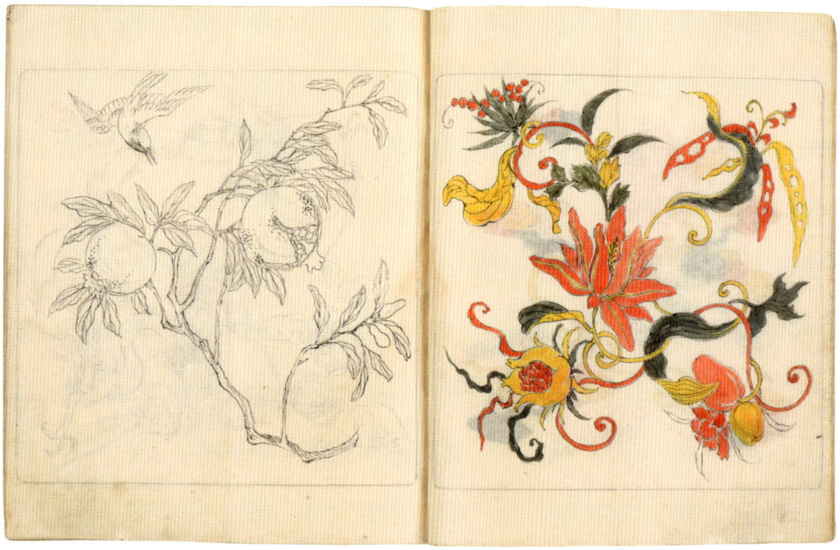
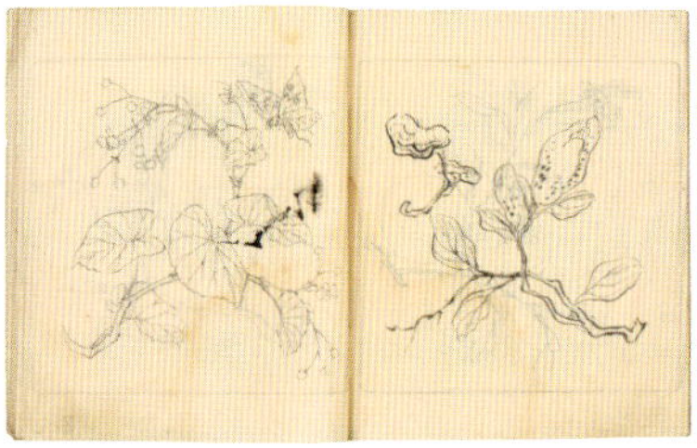
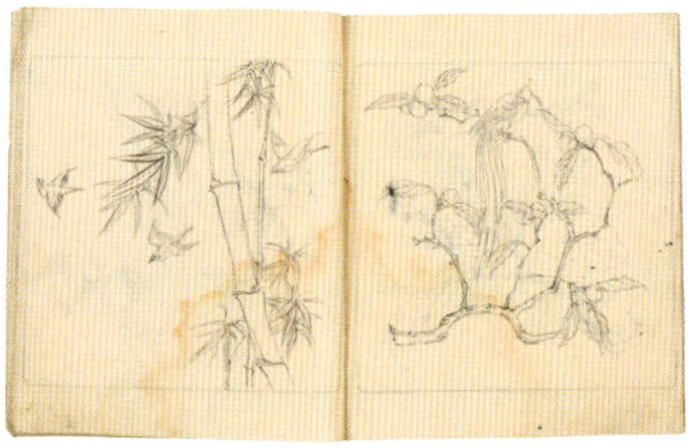
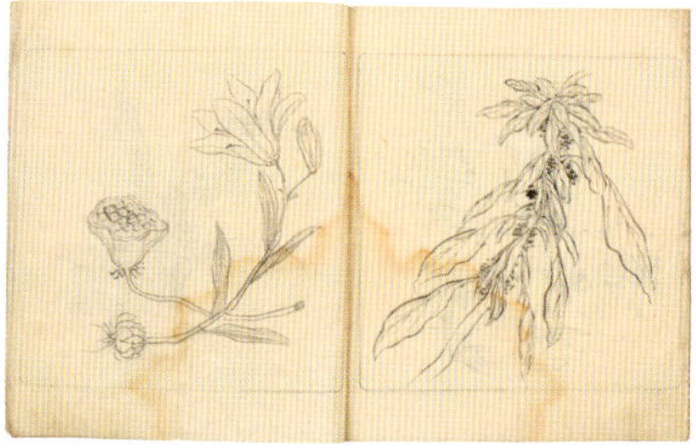
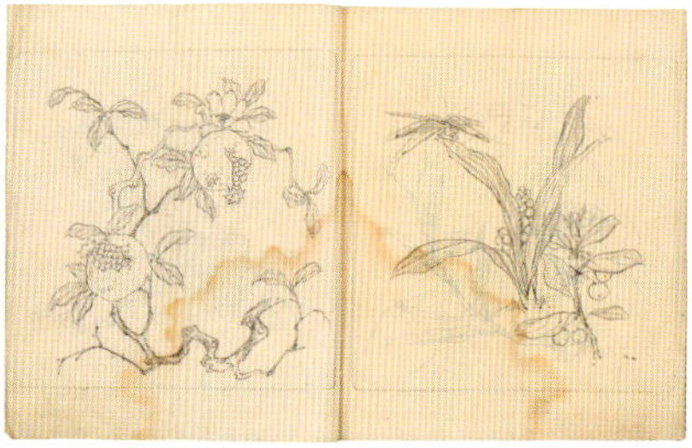
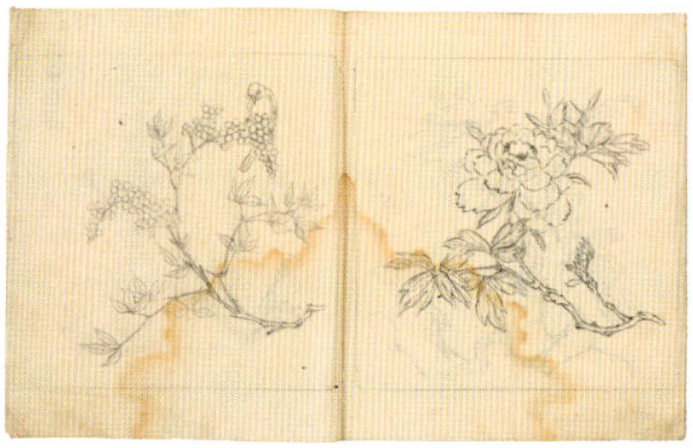

八雲塗下絵

明治時代　伝 室田湖山・小村成章筆

漆器に文様を描く際、多くの場合フリーハンドではなく、文様を描いた紙の裏から輪郭線を顔料などでなぞり、漆器に転写してあたりをつけてから、漆器に直接文様を描く。これら下絵の裏面には黄色や白色の塗料で輪郭線を描いた痕跡があり、実際八雲塗製作に使用したものであることが分かる。

草創期の動向

◆八雲塗のあらまし

八雲塗の代表的な技法として、漆で仕上げた表面に色漆で絵を描き、その上に透き通った飴色の透漆を塗布して研ぎ出し、仕上げたものがあげられる。八雲塗は、明治20年頃、松江藩の駕籠《かご》塗《ぬ》り職人であった坂田平一《さかたへいいち》（天保14年（1843）～明治41年（1908））によって始められたと伝えられ、明治後期から大正、昭和にかけて描かれる文様は、当初の唐物漆器を意識した作風から一転して写実的になり、材料の発展により、鮮やかな色漆を用いて描くようになる。

創始者である坂田平一は、代々駕籠塗り職人を勤めた家の三代目・定市の息子として生まれ、本名を平市、その後平一と改め、別に松遊斎と号した。坂田平一の住まいは、現在の松江市西茶町付近の水淩屋小路《みずしやしょうじ》だったといわれ、当時の水淩屋小路には、指物師《さしものし》・轆轤師《ろくろし》・塗師《ぬし》などが住んでいたといわれる（註1）。

明治維新後に人力車が流行り始め、坂田はその背面に龍や虎の文様を施す仕事を荒川亀斎らと手がけていたが、需要がなくなりその仕事も行えなくなったことで、中国などから渡った唐物漆器の写しを製作し、松江の骨董商であった羽田重遠や古志伴蔵の仲介を経て販売した（註2）。唐物漆器として販売した漆器に平一の銘はない。当時島根県令であった籠手田安定《こてだやすさだ》は平一が製作した唐物風の漆器に理解を示し、出雲地方の漆器として製作するよう勧めた。スサノオノミコトが詠んだ最古の和歌で島根にゆかりがある「八雲立つ出雲八重垣つまごみに八重垣つくるその八重垣を」にちなみ、明治20年頃にその名を「八雲塗」と名付けたと伝えられている。一説には、籠手田の命で中条・磯貝両書記官が命名したともいうが、未だ判然としない。籠手田が明治18年9月4日に島根県令の任命を受けて島根県に赴任した時期の日本は、全土にわたり大きな不況の中にあり、多くの人々が困窮していた（註3）。明治20年、籠手田は稲作や馬鈴薯などの殖産向上にむけて動き出すと、ほぼ同時期に籠手田の目に止まった八雲塗は出雲の文化と産業における一つの光に見えたであろうか。

◆坂田平一の作風

坂田平一の銘がある展示作品12点によると唐物風の文様から草花図などその作風をうかがい知ることができる。伝平一作品も含めて、平一の作風についてまとめる。

器形

作品は会席膳や盆、丸盆のほかに脚付盆ですべて平面である。

工程

①輪郭線を錫粉などの金属粉であらわす

②色漆で彩色する

基本的に黄・緑・朱の3色で、輪郭線の内を彩色する。他には、作品番号「6 鳳凰文瓜形茶盆」には黒漆と朱漆を混ぜた潤み色（茶色）の漆を使用する。

③透漆を塗布する

錫粉などの金属粉で描いた輪郭線の上に飴色の透漆を塗布しているため、金色に見える。中には、絵の上に塗った漆が厚く、錫が見えづらい作品も存在する。仕上げは、摺り漆で仕上げている。

坂田平一の常磐《じょうばん》

④その他

「1 桐鳳凰文丸盆」以外は、目が粗い布を裏面に貼った上に漆を塗布する。

文様

①唐物漆器を意識

展示作品「6 鳳凰文瓜形茶盆」～「11 雲龍文会席膳」は唐物漆器を意識して製作した漆器で、桐鳳凰文や雲龍文の周囲に四角の枠を設け、枠外に雲文や唐草文を配した文様である。特に鳳凰文を多く描き、鳳凰を対に描くもの、桐と鳳凰一羽のみ描いた二通りの文様が存在する。「7 桐鳳凰文会席膳」と「8 桐鳳凰文会席膳」は、ほぼ同様の構図で、唯一の違いは、区画の外にめぐらした文様が作品番号「7」では唐草文様、「8」では雲文を描く。

②草花文

「12 花籠文角盆」～「17 草花文膳」等が該当する。「12 花籠文角盆」～「16 梅文角盆」は平面に仕上げている。「17 草花文膳」は、筍や菖蒲などの草花図を漆で盛り上げし、立体感がある。特に筍図に描かれる筍の皮の重なりを一枚ごとにあらわす。

③その他

石村春荘著『八雲塗と其の変遷』では、平一作の中に、明治16年（1883）発刊の正倉院の宝物の文様を描き記した「なるみかた」(註4)記載の古代文様を描いた漆器があると述べている。「2 鶴丸文馬文丸盆」に描かれた馬文と同じ文様が、「なるみかた」の「法隆寺什水瓶」に見える。同条件のものが、未確認の作品に該当する可能性がある。

「平一」銘

作品裏の左端に「平一」銘を表し、全作品ともに寸法は、縦2.5×横1.6（㎝）である。「6 鳳凰文瓜形茶盆」の銘は「八雲塗」「平一」を縦に記し、八雲塗と平一を直接つなげる証として貴重な作品である。

◆下図を描いた絵師

松江の絵師、室田湖山《むろたこざん》（天保12年（1841）～明治22年（1889））と小村成章《おむらせいしょう》（天保2年（1831）～明治37年（1904））、植田清太郎（生没年不詳）らが八雲塗の図案を描き、製作を共に行っていた。

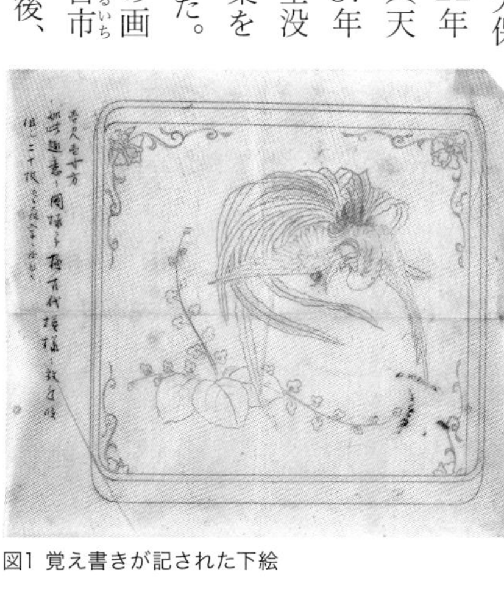

図1 覚え書きが記された下絵

室田湖山は、松江出身の画家で、岡山の四条派画家・古市《ふるいち》金峨《きんが》について絵画を学んだ後、明治時代に南宗画の普及に尽力した田能村直入《たのむらちょくにゅう》のもとで南宗画を学び、さらに、狩野派の絵画を学んだ。平一が八雲塗を製作するきっかけを与えた人物でもあり、平一の漆器製作を支えた。室田は、籠手田と親交があり、籠手田所持の唐物漆器を参考に平一に制作させたのが八雲塗誕生のきっかけとも伝えられてる(註5)。明治10年に来松した田能村直入に南宗画を学んだ経緯から、草創期の八雲塗が唐物漆器を多く模していることと深くつながっていると考えられる。今も室田筆として伝えられる下絵の中には覚え書きを記した一尺一寸の会席膳に描くための下絵がある(図1)。覚え書きの内容は、下絵のような古代の膳を20枚、うち2枚は入れ子にするようにとある。おそらく注文主の話を聞いた室田もしくは平一が記したものであろう。

小村成章は、松江の出身で通称を儀右衛門。壮年名を虎渓子といい、別に応山、月耕と号する。三島等泉《みしまとうせん》に師事した後に中島来章《なかじまらいしょう》の門に入り四条派を学び、安井如苞《やすいじょほう》、得能興洲《とくのうこうしゅう》らとともに布志名焼の絵付をしている。明治前半期の松江で四条派の画家として活躍した。

四条派は、写生を重視し、花鳥山水図などを中心に描いた。草花文を描いた平一作漆器は、小村が描いたとも考えられる（図2）。

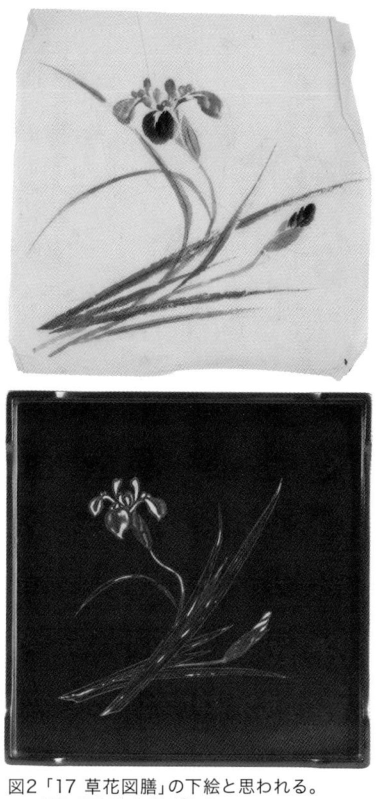

図2「17 草花図膳」の下絵と思われる。裏に転写した跡があり

◆八雲塗の展開

明治維新は、全国の漆器産地の製作状況に変化をもたらした。その中で、明治30年代後半には色漆を自由に作成することができるレーキ顔料が開発され、漆絵が盛んになるきっかけとなった。当時、漆絵を特徴とした漆器製作を行ったのは、東京、長野、香川、静岡、新潟、山形で、静岡産は漆絵がよく、値段も安いが、下地において課題があり、一方、他地域の漆器は、漆絵や下地において高い品質を誇っているが、生産の量が少なく値段が高い状況だった（註6）。

松江が、漆絵を特徴とした漆器の産地として、全国に名が出始めるのは他地域よりも後のことである。八雲塗が最初に博覧会に出品されたのは、平一の息子坂田彦太郎による明治23年の第3回内国勧業博覧会と30年の第6回関西聯合《れんごう》府懸共進会である（註7）。23年の出品作品は、鳳凰文会席膳と紅菊花文会席膳、鳳凰文盆で、鳳凰文盆以外は売約済みとなった（註8）。両展覧会に漆器を出品しているのは彦太郎のみだったが、明治36年の第5回内國勧業博覧会では、繁澤岩三郎（3等・会席膳）、金澤亀次郎（3等・吸物膳）、伊藤金太郎（3等・巻莨箱）、羽田重遠（3等・黒塗書棚）、高橋益蔵（3等・玉子塗丸卓）の5名が出品しているが、同年には彦太郎の名前は見られない。

明治28年（1895）には、繁澤光三郎、倉石豊三郎、金澤亀次郎、新宮虎太郎、杉原熊一、犬山善三郎らが相次いで製造販売を始め、坂田親子以外の人々も八雲塗の技法を研究した。製作人口が増え、中には元祖を名乗る商店もあった（註9）。明治35年には八雲塗組合が創設され、明治43年に製造家12戸、職工33名となり、製作規模がより拡大した（註10）。明治37年、のちに仙台市商工省工芸指導所の所員として玉虫塗を発明した小岩峻（明治3年（1870）～昭和43年（1968））を招聘《しょうへい》して研出法、レーキ顔料の講習会を開講し、技術の改良を図った。その中において、もはや平一は八雲塗製作の中心人物ではなかった。組合にも属さず製作を続け、明治41年に65歳の生涯を閉じる。平一を支えた彦太郎も、平一よりも前に、明治32年（1899）に36歳で逝去、図案・下絵を描き、平一を支えていた室田は八雲塗の命名直後の明治22年（1889）に49歳で逝去、小村成章も明治37年（1904）に73歳で逝去した。

八雲塗と名付けられてから約20年が経った明治40年代は、八雲塗の転換期だった。明治45年3月5日、当時農商務商工業試験所の技師・三山喜三郎は「八雲塗ノ改良方針」と題し、松江にて講演を行った。三山は、色漆を用いた装飾技法は他地方にはないとしながら、現状のままでは大量生産に向かないため、この利点を生かしながら、より分業し生産量を上げるべきと述べている。また、レーキ顔料や乾漆粉の紹介を行い、技術改良を促した。漆絵について当時の八雲塗の図案が多すぎるため、5～6種類の文様に、厳選するべきと提案している。文様が20種ある「25 草花文絵替膳」（明治36～39年製作）のように、色漆で多彩な文様を描く点も初期八雲塗の特徴の一つであった。三山の提言は、まず八雲塗産業の地盤を安定させることが重要であり、品質を高くし、多彩な絵を描くのは産業の土台を築いてからだと述べている。明治44年に八雲漆器研究所が設立され、技術の発展と後進の育成を図り、大正３年には、八雲漆器株式会社が創立する。大正10年、業績不振などが理由で双方ともに解散するが、大正から昭和にかけて八雲塗の製作は最盛期を迎え、昭和３年には、八雲塗の製造所が97か所、職工１４２人となり、松江、出雲全域で八雲塗の製作が行われるようになる。

その後、昭和16年の太平洋戦争開戦によって材料調達が困難になったことと、昭和17年企業整備令施行で八雲塗の製作は大きな打撃を受け、多くの老舗が製作を断念せざるをえなかった（註11）。昭和27年、松江市内の職人たちにより松江八雲塗工藝企業組合を結成する。原料の木地や漆は、漆工業の盛んな地域から購入して製作した。昭和30年には、土産品や記念品として一層取り上げられていく。この頃からプラスチックを素地にしたものが出回り、30年代半ばから漆の代用でカシュー塗料が使われだし、生産性が高まったが、40年代半ばには、それら生産方法の改善に取り組むこととなる（註12）。現在、島根県八雲塗振興会に所属する漆器店は、㈱山本漆器店（松江市）と漆芸のわたなべ（出雲市）があり、その他に山根漆器店と石原漆器店が営業している。

（松江歴史館学芸員　大多和弥生）

註1　常松秀延「シリーズ松江の町　茶町」湖都松江Vol.5、松江市文化協会、六二頁、（２００３年）

註2　荒木英信『松江八百八町物語―末次の巻―（復刻）』島根県郷土資料刊行会（１９７３年）

註3　籠手田に渡された引継書の中には、「総員5万7百余人中2万7百余人は極貧の者にして或いは町村費に若しくは慈恵者の救恤により僅かに命脈を繋ぎ得るものに係れり」とある。鉅鹿敏子『籠手田安定』中央公論事業出版（１９７６年）１８０頁。

註4　石村氏は、「なるみかた」の詳細は記していないが、明治時代に版行された図案集『奈留美加多』であると思われる。同書著者は小田切春江。明治16年（１８８３年）出版。小田切が東大寺正倉院の宝物を観覧する機会を得たときに、特に興味をもった意匠を書き写しまとめたものを出版したもの。

註5　石村春荘『八雲塗と其の変遷』改訂増補版（１９６１年）

註6　三山喜三郎『八雲塗ノ改良方針』島根県内務部（１９１２年）

註7　山陰新聞、明治23年（１８９０）8月14日、明治30年（１８９７）6月1日

註8　「此種は一種出色にして其雅致ある所なれども内部の朱の模様はこれに比してあまり派手すぎるなり」とある。山陰新聞　明治23年（１８９０）8月14日

註9　石村春荘『八雲塗と其の変遷』改訂増補版（１９６１年）

註10　松江商工会議所七〇年史、松江商工会議（１９６７年）

註11　新修松江市誌、松江市（１９６２年）

註12　『まぼろしの名品　八雲塗１００年』松江郷土館（１９９４年）

製作について

代表的な八雲塗の工程について紹介する左の図版は、製作の工程が一目でわかるように作った見本。漆で絵を描く際には、一度で描けないため、ベースの色で絵を描いた後、漆が少し固まるまで待つ。

色漆を重ねて陰影をつけ、軽く研いだ後、透漆を塗り、漆を摺りこんで、磨く作業を繰り返して仕上げる。

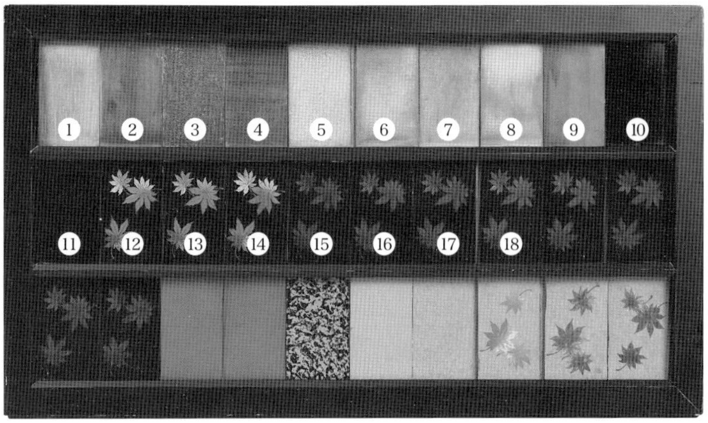

八雲塗製作見本(山本漆器店)

①木地
②漆固め
③布着せ
④紙着せ
⑤荒い下地付け
⑥荒い下地研ぎ
⑦細かい下地付け
⑧細かい下地研ぎ
⑨固め
⑩下塗り
⑪中塗
⑫漆絵を描く
⑬色を重ねる
⑭研ぐ
⑮透漆を全体に塗る
⑯呂色研ぎ
⑰漆を摺り込み、磨く
※⑱以降は⑰の工程と同じ見本
下段は3枚目から装飾見本

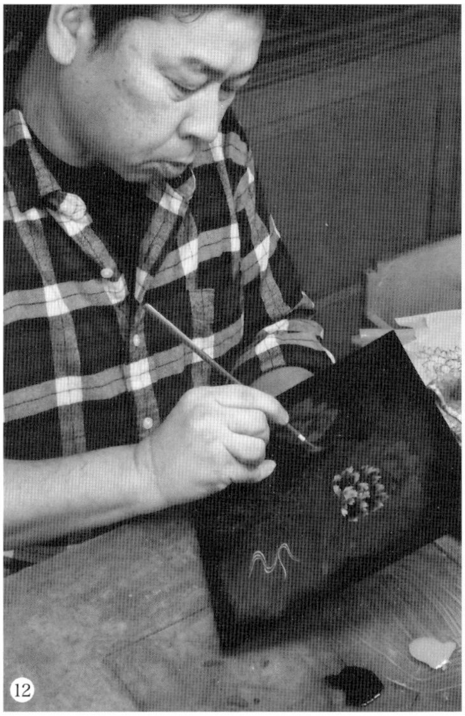

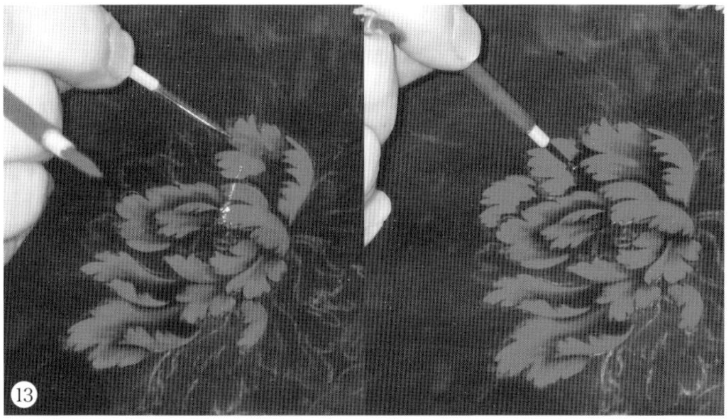

この後、表面に漆を何度も摺りこみ、磨いて完成

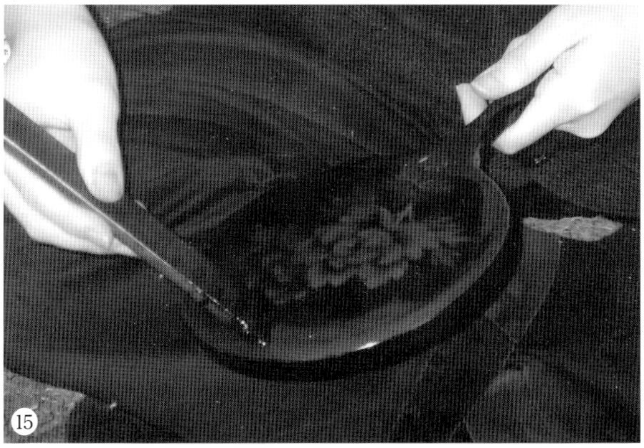

協力:山本漆器店

松江の八雲塗の製作と販売

八雲塗が明治20年頃から製作され始めて以来、八雲塗を主に扱う漆器店が松江市内外に増えていく。松江市内の商店の職種などを確認できる『松江商工人名録 第四回』（明治 41年）や『松江商工案内』（昭和 8年）では、八雲塗の専門店と漆器全般を扱う店を区別して表示しているが、いずれも専門店の方が少ない。昭和 3年には、八雲塗の職人が１４２人（うち、男性１２２人、女性 20人）いたとの記録があり、多くの職人がいたといわれるが、実態については詳しく分かっていない。

松江市を中心に、資料でたどることができた八雲塗製作にかかわった職人と商店の概要の一部を紹介する。

伊藤金太郎（生没年不詳）

創始者である坂田平一の近くに住み、平一の家に出入りしながら八雲塗の技法を見覚え、明治23年に開業した。当初は荒川亀斎らが図案を与えたと伝わり、のちに高村光雲に図案を依頼した。

倉石豊三郎（生没年不詳）

明治27年から八雲塗製作を行った。大阪で呂色磨きの修行をし、八雲塗の歴史の早い段階で艶出しした八雲塗を製作した。

繁澤岩三郎（生没年不詳）

市会議員および消防組頭等の要職を歴任した。八雲塗の宣伝を広く行った。明治36年の博覧会では、会席膳で3等賞を受賞している。（作品番号25）

植田清太郎（号 伴水）（文久3年～昭和5年）

明治40年頃、多くの八雲塗の絵付けを行った。鳥取市に生まれ、明治30年頃から八雲塗の絵付けを始めた。

小岩峻（明治3年～昭和43年）

明治37年、東京美術学校漆工科出身だった小岩は、八雲漆器組合から招聘されて、2年間松江に滞在し講習会や指導を行い、八雲塗にとって画期的な表現を生み出した。小岩が来松した頃、多くの八雲塗は磨きを行っていなかったのを、呂色磨きの技法を職人に伝えたことや、古代文様が多かった八雲塗に油絵風の表現を提案した。また、八雲塗業界では早い段階でレーキ顔料を活用して草花文を描き、上塗漆を研ぎ切り文様を鮮明にだす方法などを試み、八雲塗の新しい表現を考案した。

石飛至善（号 春江）（生没年不詳）

小岩が養成した徒弟の一人。繊細な絵を描いた。白薔薇文様を得意とし、陰影に緑色を使った。

丹後屋漆器店（明治30年～平成20年代）

明治30年頃出雲市で全国の漆器を扱う。大正４年、丹後岩三郎が八雲塗工房を開業し、製作に従事した。昭和21年より株式会社 丹後屋となる。（作品番号42）

元谷平治（号 角輪）（生年不詳～昭和3年9月）

鳥取市から移住した漆工。上塗りに木地蝋、蝋色、梨子地などの漆を併用し、変化をつける技法を考案した。代表作は白中塗研出の海洋文菓子器および富士の絵衣装盆など。

山本喜三郎商店（明治45年～昭和44年）

明治45年より八雲塗の製造と専門店を始める。雇用した職人が製作した八雲塗を販売するシステムを取り入れたのは、八雲塗業界では山本喜三郎商店が初めてだった。当時、個々の職人が作り上げた商品を古道具屋が販売しており、専門店はなかった。昭和44年から株式会社山本漆器店となった。

（作品番号26、43、47、48、52、55、56、57、63、68、69、70、71）

八雲塗の製造および販売箇所

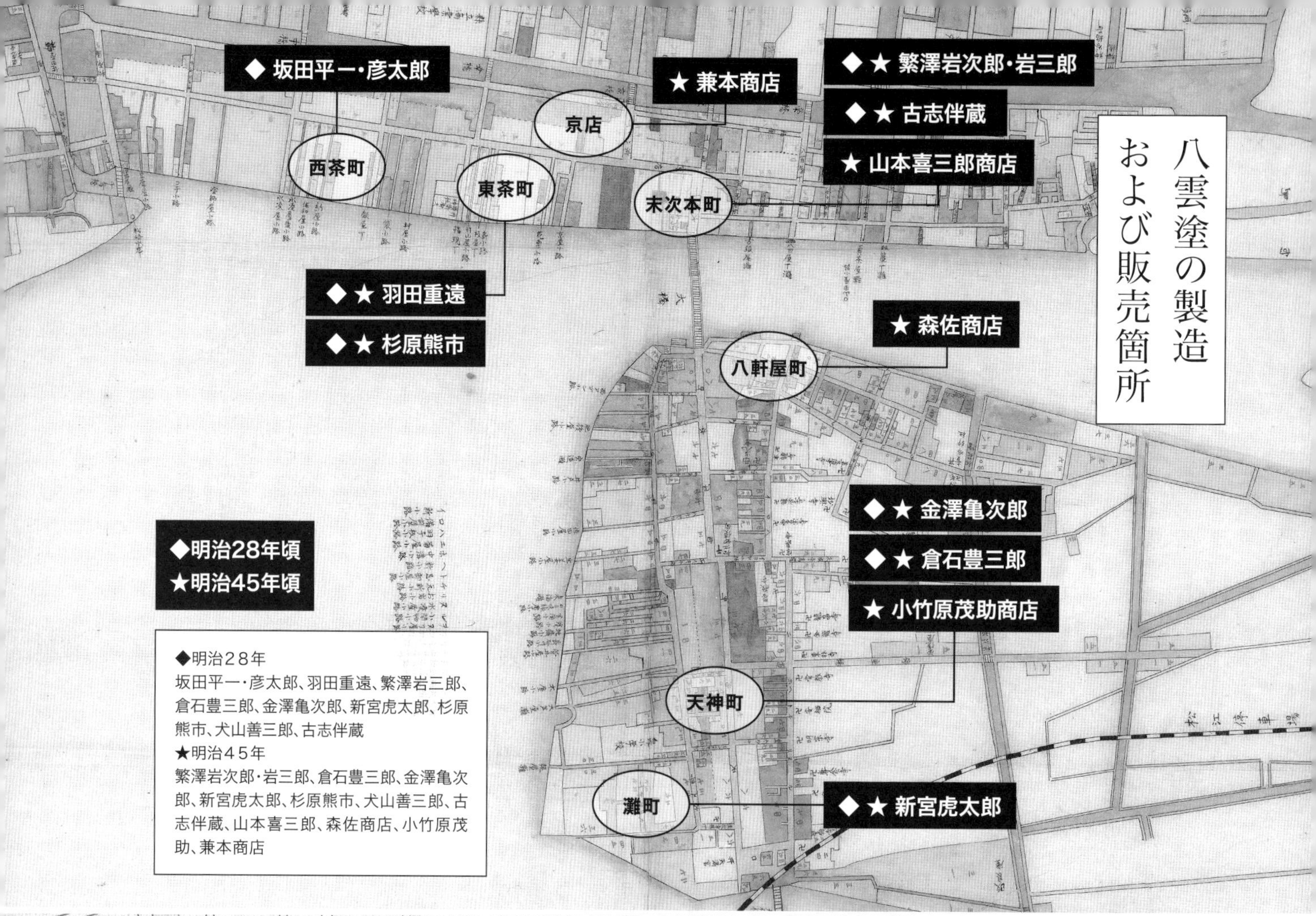

◆明治２８年
坂田平一・彦太郎、羽田重遠、繁澤岩三郎、倉石豊三郎、金澤亀次郎、新宮虎太郎、杉原熊市、犬山善三郎、古志伴蔵
★明治４５年
繁澤岩次郎・岩三郎、倉石豊三郎、金澤亀次郎、新宮虎太郎、杉原熊市、犬山善三郎、古志伴蔵、山本喜三郎、森佐商店、小竹原茂助、兼本商店

八雲塗を取り扱う漆器店の推移

●昭和3年
製造所97か所、職工142人
●昭和11年
曾田二郎、美咲屋兼本重一、山本喜三郎商店、長岡亀市商店、山根双葉商店、山崎茂助商店、小竹原茂助商店、福間マサ商店、内藤正二郎商店、倉石勸三郎商店、小倉元四郎
その他：丹後屋漆器店（出雲市今市町）
●昭和38年
小竹原漆器店、山根漆器店、山本八雲塗店
その他：丹後屋（出雲市今市町）
●昭和４４年
いしむら塗物工房、石原漆器店、小竹原漆器店、丸五漆器店、山根漆器店、山本八雲塗店
●平成７年
山本漆器店（末次本町）、山根漆器店（末次本町・北堀町）、石原漆器店（苧町）、丸五漆器店（天神町）
その他：丹後屋、漆芸のわたなべ（平田町）

八雲塗製作者の銘 および商店のラベル

新宮商店

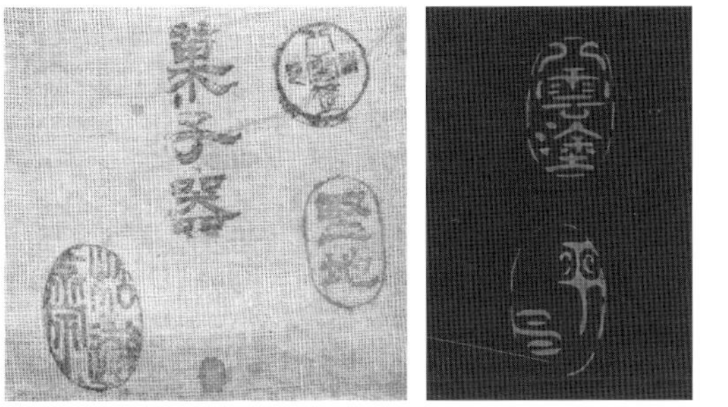
坂田平一　銘「八雲塗」「平一」

繁澤商店

倉石勧三郎商店

包み紙

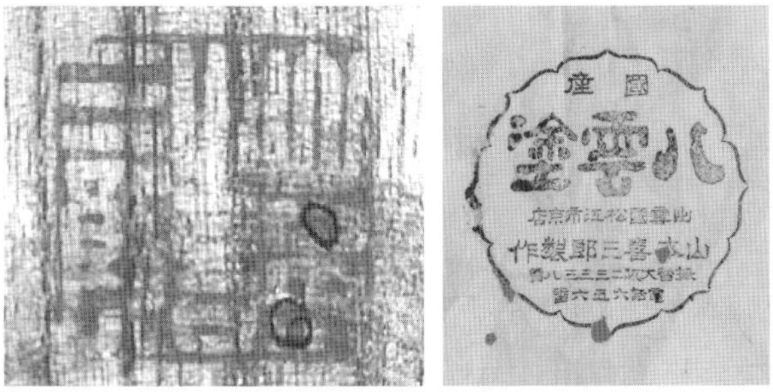
印影「山本喜三郎」山本喜三郎商店

漢宝堂 杉原熊市

八雲漆器株式会社

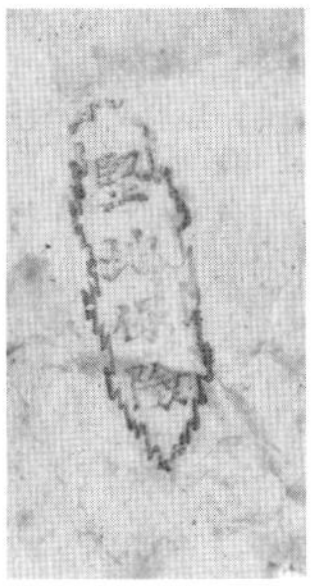

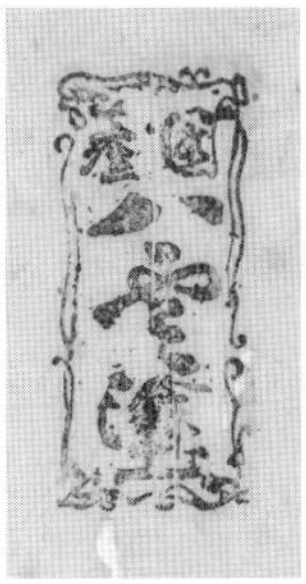

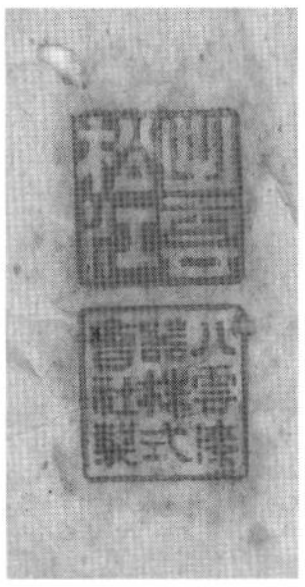
印影「出雲松江」
印影「八雲漆器株式会社」

印影「山本喜朗」(山本喜三郎商店が昭和30年半ばより昭和44年まで使用)

平野起雲
現 出雲市平田町

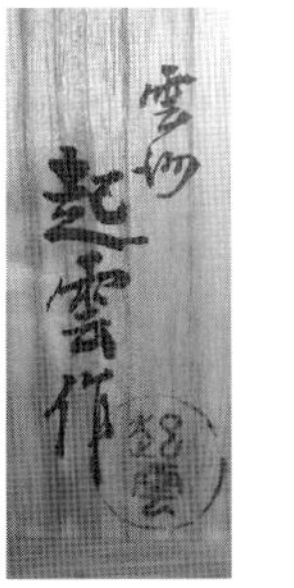
箱書
「雲州起雲作」
印影「起雲」

印影「丹後屋老舗謹製」

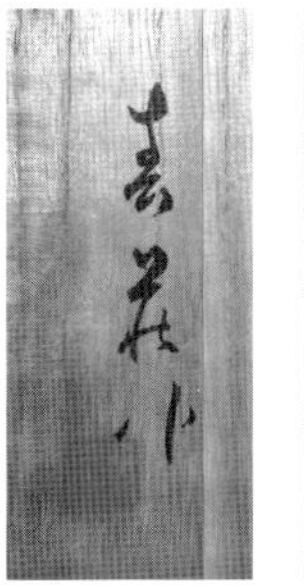
箱書「春荘作」

山根商店

関連年表

和暦	西暦	八雲塗関係	一般情勢
明治3年	1870		松江・広瀬・母里3藩を廃して、島根県を置く。
明治初期		坂田平一、荒川亀斎や室田湖山とともに人力車に塗りを施す仕事を行う。	
明治8年	1875		松江市内にガス灯がつく
明治20年頃	1887	島根県知事・籠手田安定により八雲塗と命名する	
明治22年	1889	室田湖山没す(行年48歳)	松江市制を施行
明治22年以降		伊藤金太郎や羽田重遠が塗師を雇い八雲塗製作を始める	
明治28年	1895	繁沢光三郎、倉石豊三郎、金沢亀次郎、 新宮虎太郎、杉原熊一、犬山善三郎らが相次いで製造販売を始める	日清講和条約調印
明治29年頃	1896	今市市で八雲塗の製作が始まる。	
明治32年	1899	坂田彦太郎没す(行年36歳)	
明治35年	1902	八雲漆器同業組合創立(7月9日 、組合長:金澤傳十郎、 副組合長:繁澤岩三郎、委員:金澤亀次郎ほか2人)	
明治36年	1903	レーキ顔料の使用が八雲塗製作の界隈で始まる	
明治37年	1904	研出法、レーキ顔料の講習会(講師・小岩峻)開催	日露戦争はじまる
		小村成章没す(行年73歳)	
明治40年	1907		皇太子(大正天皇)山陰地方行啓
明治41年	1908	坂田平一没す(行年65歳)	米子・松江間に鉄道開通
明治44年	1911	八雲漆器研究所創立(松江市母衣町)	
大正 3年	1914	八雲漆器株式会社創立	第一次世界大戦開戦
		八雲漆器商会創立	
大正5年	1916	八雲漆器商会解散	
大正10年	1921	八雲漆器株式会社解散	
大正12年	1923		関東大震災おこる
大正13年	1924		山陰線全通
大正14年	1925	模様に錆上法応用し始める	
昭和 3年	1928	郷土工芸社(梨谷静山、舩木道忠、石村春荘ら)創立	
		松江工芸会(太田直行主宰)創立	
		八雲塗製作の規模が、製造場97か所、職工142人(うち男性122人、女性20人)となる	
		商品陳列所(のちの工業試験場)発足	
昭和4年	1929		世界的大恐慌はじまる
昭和 5年	1930	植田清太郎歿す(行年67歳)	
		模様の上のみ上塗りし、地色を白、クリーム、青磁、朱、ピンクなどの肌色とする	
昭和 6年	1931	素地にベークライトを使用し始める	
昭和 9年	1934	黄叩き地、白中塗等始まる	
昭和10年	1935	八雲塗漆器業組合設立、技術者50人余りが八雲塗製作に従事する	
昭和14年	1939		第二次世界大戦はじまる
昭和16年	1941	軍関係の仕事のため、八雲塗製造は休止に追い込まれる。	太平洋戦争はじまる
昭和18年	1943		金属回収強行され、県庁前の銅像など撤去供出される
昭和20年	1945		終戦
昭和23年	1948	八雲塗漆器展覧会開催	
昭和25年	1950	松江市立授産場に漆工部発足	朝鮮戦争による特需景気始まる
昭和26年	1951		サンフランシスコ条約調印、日米安全保障条約調印
昭和27年	1952	八雲塗工芸企業組合設立	
昭和28年	1953	八雲塗振興協議会発足	
昭和56年	1981	八雲塗が島根県のふるさと伝統工芸品に指定	
平成 7年	1995	企画展「まぼろしの名品 八雲塗１００年」を松江郷土館にて開催	

図版目録

	名称	員数	時代	寸法	作者および製造	所蔵
1章 八雲塗のはじまり						
1	花鳥図脚付盆	1	明治時代	縦48.0×横48.0×高9.0		松江歴史館
2	鶴丸馬文丸盆	1	明治時代	径30.8×高1.7	伝 坂田平一作	手錢記念館
3	山水図角切膳	1	明治時代	縦36.0×横36.0×高3.0	伝 坂田平一作	島根県立美術館
4	桐鳳凰文座卓	1	明治時代	縦91.5×横122.0×高31.2		
5	山水人物図絵替銘々皿	5	明治時代	縦20.7×横20.7×高1.5		
2章 創始者　坂田平一の仕事						
6	鳳凰文瓜形茶盆	1	明治時代	縦30.7×横45.3×高4.6	坂田平一作	
7	桐鳳凰文会席膳	5	明治時代	縦38.0×横38.0×高4.0	坂田平一作	
8	桐鳳凰文会席膳	1	明治時代	縦38.0×横38.0×高4.0	坂田平一作	
9	桐鳳凰文脚付盆	1	明治時代	縦64.0×横48.0×高2.0	坂田平一作	
10	鳳凰文丸盆	1	明治時代	径19.5×高1.6	坂田平一作	
11	雲龍文会席膳	5	明治時代	縦35.0×横35.0×高3.0	伝 坂田平一作	
12	花籠文角盆	1	明治時代	縦18.0×横18.1×高1.2	坂田平一作	
13	柘榴文角盆	1	明治時代	縦24.5×横24.5×高4.5	坂田平一作	
14	朝顔文菓子器	5	明治時代	縦11.1×横11.1×高1.3	坂田平一作	
15	牡丹文角盆	1	明治時代	縦24.5×横33.5×高3.5	坂田平一作	
16	梅文角盆	1	明治時代	縦22.5×横31.4×高3.5	坂田平一作	
17	草花図膳	4	明治時代	縦24.5×横24.5×高4.5	坂田平一作	松江歴史館 (梅文膳以外)
3章 変わりゆく時代						
18	桐鳳凰図衝立	1	明治時代	幅91.5×高117		
19	薔薇文脚付盆	1	明治時代	縦63.9×横45.2×高15.4		
20	桃文猫脚盆	1	明治時代	縦51.7×横51.7×高6.0		手錢記念館
21	雲龍文脚付膳	1	明治時代	縦37.0×横37.0×高15.7	新宮商店製	
22	雲龍文会席膳	1	明治時代	縦38.0×横38.0×高6.5	新宮商店製	
23	雲龍文会席膳	1	明治時代	縦24.5×横24.5×高4.5	新宮商店製	
24	梅文角盆	1	明治30年頃	縦25.5×横34.6×高3.2	伝 植田清太郎作	
25	草花文絵替膳	20	明治36年〜 明治39年	縦24.3×横24.3×高2.5	繁澤商店製	
26	花鳥図重箱	1	大正時代	台:28.8×28.8×9.3 重箱:22.5×22.7×39.5	山本喜三郎 商店製	松江歴史館
27	花鳥図絵替会席膳	1	大正4年	縦36.5×横36.5×高3.8		松江歴史館
28	孔雀文手付菓子器	1	大正時代	縦18.0×横20.0×高16.0		松江歴史館
29	孔雀に松図文台	1	大正時代	縦34.6×横59.5×高11.6		
30	花丸紋重箱	1	大正時代	縦25.0×横25.5×高41.0		松江歴史館
31	草花図絵替丸盆	20	大正9年	縦16.3×横20.5×高21.7	平野起雲作	
32	古鏡文長盆	1	昭和時代	縦25.4×横34.8×高3.5	平野起雲作	
33	梅に鶯図箸箱	1	昭和時代	長28.0	平野起雲作	
34	梅松文箸	1	昭和時代	長20.4	平野起雲作	
35	牛童子図硯箱	1	大正時代	縦24.1×横21.2×高4.3	伝 植田清太郎作	松江歴史館
36	寒山拾得図菓子器	1	大正時代	箱:縦18.0×横18.0×高6.4 台:縦21.3×横21.3×高2.5 全高8.7	伝 植田清太郎作	松江歴史館
37	唐草文菓子器	1	大正時代	縦14.2×横10.8×高5.5	伝 植田清太郎作	松江歴史館
38	菊盡脚付膳	10	大正3年〜 大正10年	縦27.2×横27.2×高4.2	八雲漆器株式 会社製	松江歴史館
39	菊文小箱	1	大正3年〜 大正10年	縦23.8×横17.7×高3.7	八雲漆器株式 会社製	松江歴史館
40	梅竹文高脚膳	10	大正15年頃	縦34.8×横34.8×高14.9		
41	桐鳳凰文丸盆	1	大正〜 昭和時代	径33.0×高2.5		手錢記念館
42	竹林賢人図丸盆	1	大正〜 昭和時代	径45.3×高4.3	丹後屋漆器店製	
43	草花文丸盆	1	大正〜 昭和時代	径45.2×高4.0	山本喜三郎 商店製	
44	菊文大丸盆	1	大正〜 昭和時代	径58.7×高2.7		
45	獅子牡丹文菓子器	1	大正〜 昭和時代	径8.5×高9.9		
46	雲龍文菓子器	1	大正〜 昭和時代	蓋短径21.5×胴短径20.2 ×胴径24.0×高8.5		
47	不老長春文重箱	1	大正〜 昭和時代	縦24.5×横24.5×高20.5	山本喜三郎 商店製	
48	牡丹唐草文菓子器	1	大正〜 昭和時代	箱:縦18.0×横18.0 ×高17.0 盆:縦23.0×横23.0×高2.5	山本喜三郎 商店製	
49	梅文吸物膳	5	大正〜 昭和時代	縦28.7×横28.8×高2.8	古角商店製	
4章 移りゆく美						
50	蝶文会席膳	10	昭和時代 初期	縦37.0×横37.0×高4.0	兼本商店製	
51	若松に月図脚付膳	5	昭和時代 初期	縦21.4×横9.1×高3.8	兼本商店製	松江歴史館
52	花鳥文絵替菓子皿	5	昭和時代	径22.3×高1.7	山本喜三郎 商店製	
53	雲文筆箱	1	昭和時代	縦50.0×横10.0×高10.0	倉石勧三郎 商店製	手錢記念館
54	出雲大社図角盆	1	昭和時代	縦22.5×横22.8×高2.5	漢宝堂 杉原熊市作	手錢記念館
55	花唐草文丸重	1	昭和16年	径8.0×高18.5	山本喜三郎 商店製	
56	鳳梨文菓子器	1	昭和時代	身:径24.0×高7.2 皿:径31.0×高1.7 全高8.0	山本喜三郎 商店製	山本漆器店
57	牡丹文煙草入	1	昭和時代	縦14.2×横10.8×高5.5 全高7.5	山本喜三郎 商店製	松江歴史館
58	南天文名刺入	1	昭和時代	縦15.3×横23.3×高14.0		松江歴史館
59	南天文重箱	1	昭和時代	縦24.5×横24.5×高26.2	兼本商店製	
60	高野槙文花月台	1	昭和時代	縦18.3×横18.3×高19.0		手錢記念館
61	牡丹文菓子器	1	昭和時代	縦21.0×横21.0×高10.6		手錢記念館
62	菊文火鉢	2	昭和時代	径27.5×高26.3		松江歴史館
63	牡丹文文庫	1	昭和30年代	縦33.5×横26.7×高12.5	山本喜三郎 商店製	
64	山水図文書箱	1	昭和30年代	縦30.5×横27.3×高4.3	山根商店製	
65	鮎文会席膳	5	昭和時代	縦33.7×横33.5×高3.0		
66	草花文絵替皿	5	昭和時代	径13.7×高1.8		松江歴史館
67	草花文絵替皿	5	昭和時代	径25.8×高1.8	山本喜三郎 商店製	松江歴史館
68	魚文丸盆	1	昭和時代	径53.8×高2.8	山本喜三郎 商店製	山本漆器店
69	鮋文丸盆	5	昭和時代	径27.5×高2.0	山本喜三郎 商店製	山本漆器店
70	草花文丸盆	1	昭和時代	径34.6×高3.8	山本喜三郎 商店製	山本漆器店
71	海老文丸盆	1	昭和時代	径35.7×高4.8	山本喜三郎 商店製	山本漆器店
72	踊る人物絵額盆	1	大正14年	縦25.7×横25.7×高	石村春荘作	
73	八手文小重箱	1	昭和3年	縦20.0×横20.0×高19.0	石村春荘作	
74	芍薬花文長手盆	1	昭和16年	縦33.5×横53.2×高	石村春荘作	
75	薔薇文小箱	1	昭和29年	縦18.0×横12.0×高6.2	石村春荘作	島根県立美術館
76	草花絵絵替丸盆	5	昭和時代	径25.5×高1.7	石村春荘作	
77	蝶文丸盆	1	昭和時代 後期	径40.0×高3.3	石村春荘作	島根県立美術館

用語説明

●色漆《いろうるし》

レーキ顔料が発明される以前、漆の色は黒・朱・青・黄・潤み（茶）色の5色しか存在せず、細かく砕いた鉱物や染料、炭などを混ぜて漆に色を付けていた。明治30年代にレーキ顔料が発明され、幅広い色漆を作ることが可能となった。八雲塗業界がレーキ顔料を使用し始めたのは明治36年ごろと言われている。

●透漆《すきうるし》

漆の木から採取した漆を精製し、黒目《くろめ》という水分を蒸発させる工程を経て作られる。透明度が高い飴《あめ》色の漆。自然な漆の色は乳白色であり、時間が経過し酸素と結合することで茶褐色に変色する。そして、精製と水分を蒸発させる作業を経て透漆となる。この透漆と鉱物や顔料などを混ぜることで、色漆ができる。

●レーキ顔料

水溶性染料を金属塩などと混ぜて不溶化した顔料のこと。透漆と混ぜると鮮やかな色漆が作れる。

●白漆《しろうるし》

二酸化チタニウムと透漆を練り合わせて作る色漆の一種。純白ではなく、ベージュ色になる。現在でも漆による純白の表現は不可能である。

●研ぎ出し

漆を塗った面を炭や耐水ペーパーなどで研ぎ、漆の下に描いた絵や装飾を表面にあらわすこと。

●螺鈿《らでん》

夜光貝、鮑《あわび》貝などの殻内側を薄く削りだしたもの、または装飾されたもの。

●唐物《からもの》漆器

中国などから日本に渡った漆器全般を指す。

※『漆工辞典』漆工史学会（2012年）、
石村春荘『八雲塗と其変遷』改定増補三版（1961年）参照。

《謝辞》

本展の開催ならびに図録の発刊にあたり、ご協力賜りました左記の所蔵者や関係者の皆様、およびお名前を控えさせていただいた関係者の皆様に心より感謝申し上げます。石村 稔様、川島 隆雄様、山本 一成様には格別のご配慮を賜りましたこと重ねて感謝申し上げます。（順不同、敬称略）

いしむら塗物工房
出雲文化伝承館
島根県立美術館
漆芸のわたなべ
手銭記念館
松林道具店
八雲本陣記念財団
山本漆器店
エバレット・ケネディ・ブラウン（湿板光画家）

《主な参考文献》

『松江商工人名録第四回』松江商業会議所（１９０８年）
三山喜三郎『八雲塗ノ改良方針』（１９１２年）
『松江商工案内』山陰経済評論社（１９３３年）
石村春荘『八雲塗と其変遷』改定増補三版（１９６１年）
『新修松江市誌』松江市（１９６２年）
『松江商工会議所七十年史』松江商工会議所（１９６７年）
『名選　山陰の老舗』山陰中央新報社（１９７９年）
『島根の工芸』島根県立博物館（１９８７年）
『まぼろしの名品　八雲塗１００年』松江郷土館（１９９４年）

企画展

八雲塗

〜暮らしを飾る松江の漆器〜

発行年月日　2019年4月19日
編集・発行　松江歴史館
〒690−0887 松江市殿町279番地
電話 0852−32−1607
販　　売　株式会社　山陰中央新報社
〒690−8668 松江市殿町383番地
電話 0852−32−3420（出版部）
印刷・製本　松陽印刷所